Herderbücherei

Band 1741

## Über das Buch

Der bekannte italienische Schriftsteller, Gründer des geistlichen Zentrums in Spello, nannte dieses Buch sein „Testament". In der Tat führt es den Leser an den innersten Punkt seines Lebens heran, an die radikale Erfahrung, daß Gott der Vater ist, liebender Vater aller Menschen. Charles de Foucauld hat diese Erfahrung in seinem „Gebet der Hingabe" ausgesprochen. Hier knüpft Carlo Carretto an. Zeile um Zeile durchdenkt und durchlebt er dieses Gebet und zeigt, wie es sein Leben verändert hat, vom Spitzenmanager der Katholischen Aktion zum Bruder der Wüste, vom Erlebnis der Einsamkeit zu einer neuen Gemeinschaft mit den Menschen. „Carlo Carretto versteht es, seine Gotteserfahrung mitzuteilen. Das alles mitzudenken, das fordert heraus, aber es ist tröstend, es schafft Ruhe" (Hessischer Rundfunk)

## Über den Autor

Carlo Carretto, geboren 1910 in Alessandria (Piemont), Philosophiestudium in Turin, Staatsexamen in Philosophie 1933 („laureato"). Nachherige Tätigkeit: Journalismus, Gründung einer Anzahl katholischer Zeitschriften und Zeitungen für die Jugend und Studenten. 1932 Eintritt in die Katholische Aktion, 1946–52 Zentralpräsident der Katholischen Aktion. 1954 Abbruch aller bisherigen Tätigkeiten, Reise nach Afrika. Eintritt in die Kongregation der Piccoli Fratelli de Foucauld. 1954–64 Aufenthalt in der Wüste (Tamanrasset und Beni-Abbès), Arbeiten für eine französische meteorologische Anstalt, Diakonatsweihe. 1964 Rückkehr nach Italien und Gründung des inzwischen vielbesuchten Gebets- und Meditationszentrums in Spello bei Assisi. 1988 starb er in Spello.

Carlo Carretto

# Denn du bist mein Vater

Bekenntnis eines Lebens

Herderbücherei

Veröffentlicht als Herder-Taschenbuch
Die deutsche Erstausgabe erschien unter dem gleichen Titel
ebenfalls im Verlag Herder
Titel des Originals: „Padre mio mi abbandono a te"
Übersetzung aus dem Italienischen von M. O. Wahl

Buchumschlag: Werner Bleyer


Herder Freiburg · Basel · Wien
Herstellung: Freiburger Graphische Betriebe 1991
ISBN 3-451-08741-3

# Inhalt

# Vorwort

Man hat mich gebeten, für die deutschen Leser meines neuen Buches *Denn du bist mein Vater* ein eigenes Vorwort zu schreiben. Sie würden meine persönliche Gotteserfahrung, von der ich in diesem Buch spreche, viel besser verstehen, wenn ich ihnen ein wenig von meinem Leben erzähle.

Das hat mir eingeleuchtet, und so versuche ich mitzuteilen, was der Herr Wunderbares an mir getan hat.

Ja, denn es sind immer wunderbare Dinge, die der Herr an jedem von uns tut.

Unsere Geschichte hat einen Sinn, weil Gott sie webt, und sie wird erst verständlich, wenn sein Licht sie erleuchtet.

Zuerst ist Finsternis und Chaos. Aber kommen wir zur Sache.

Ich könnte meine religiöse Erfahrung in zwei Perioden einteilen.

In der ersten Periode herrschte die Aktion vor, und in der Aktion machte ich meine Bekanntschaft mit der Kirche. Ich fand mich auf einem großen Strom und ließ mich von den Wogen der Freundschaft tragen.

Wieviele Begegnungen, wieviel Arbeit!

Ich war damals Präsident der katholischen Jugend Italiens und schrieb in vielen Zeitungen, schrieb heiße Bücher wie „Famiglia piccola chiesa“, das mit seinem Erscheinen den ersten Höllenlärm zwischen den progressiven und den „anständigen“ Katholiken verursachte.

Auf dem Weg der Aktion lernte ich das Phänomen „Bruder“ kennen und lernte begreifen, was Kirche bedeuten kann, Volk Gottes auf dem Weg durch die Wüste, immer noch im Vollzug seines Exodus der Befreiung und der inneren Eroberung.

Jene Zeit hat mir eine kostbare Erinnerung zurückgelassen und eine Menge Freunde, die wie ich das Abenteuer der Liebe durchlebt haben.

Dann geriet ich in eine Krise, die in mir die Krise der Kirche vorwegnahm und die sich ungefähr so ausdrücken läßt:

1. Verlangen nach Armut
2. Ablehnung der Macht
3. Unterscheidung zwischen Religion und Politik
4. Unmöglichkeit, das Evangelium mit irgendeiner Ideologie zu identifizieren.

Damals erlebte ich das massivste Eingreifen Gottes in mein Dasein und wurde mir bewußt, wie sehr er in mein Leben eingetreten war.

Als ich ihm Fragen stellte, statt zu antworten, richtete er eine radikale Forderung an mich: „Ich will dich. Ich will nicht mehr dein Handeln. Ich will deine Liebe.

Laß alles hinter dir.

Komm mit mir in die Wüste. Ich werde zu deinem Herzen sprechen.“

Und ich ging in die Wüste.

Ohne die Satzungen der Kleinen Brüder gelesen zu haben, trat ich in ihre Kongregation ein.

Ohne Charles de Foucauld zu kennen, folgte ich ihm nach in die Wüste der Sahara.

Hier begann der zweite Abschnitt meines Lebens, das einzigartige Abenteuer der Wüste.

Wüste bedeutet Läuterung, bedeutet Schweigen.

Vor allem anderen bedeutet sie Armut.

Als ich von Europa aufgebrochen war, hatte ich alles verlassen. Ich hatte mein Schicksal in die Hände Jesu gelegt, der zu mir sagte: „Verkaufe alles, was du hast, gib es den Armen und folge mir nach."

Ja, ich hatte alles verkauft, zumindest alles, was einen Verkaufswert hatte.

Indes, ohne mir darüber Gedanken zu machen, hatte ich ein paar dicke theologische Bücher behalten.

Die hatte ich nicht verkauft.

Ich hatte sie in einem großen Koffer mitgenommen, dort in die Dünen.

Ich glaubte, diese Bücher seien mir unentbehrlich.

Hätte ich sie zurückgelassen, so hätte ich etwas verloren, was Gott selbst anging.

Die Vorstellung, die ich von Gott hatte, war in diesen Zeilen enthalten.

Ohne die Vorstellung, die ich mir von Gott gebildet hatte, hätte ich mich verloren gefühlt. Wie wenn Gott aus meinem Leben verschwunden wäre.

Und nun war ich dort im Wüstensand vor der Eucharistie mit meinen Büchern. Sie waren wie ein Schützengraben, in dem ich mich verschanzte..., um zu beten.

Ich konnte stundenlang lesen, was „man über Gott sagt". Mein Novizenmeister sagte zu mir: „Laß doch die Termiten deine Bücher verspeisen. Du stell dich arm und nackt vor Gott hin."

Aber ich verstand das nicht.

Um es mich verstehen zu lassen, schickten meine Oberen mich zur Arbeit.

Hacken in der Oase bei 40 Grad Hitze ist nicht leicht. Nach einigen Stunden anstrengender Arbeit war ich fertig. Der Kopf brummte, der Rücken war krumm.

Auf allen Vieren kroch ich in die Fraternität zurück. Und als ich in der Kapelle auf der Strohmatte vor der Eucharistie kniete, war das einzige, was ich noch fertigbrachte, zu weinen.

Du bist hierhergekommen, um Gott zu suchen und zu betrachten, doch wie willst du es anstellen mit einem Kopf, der dir rasend weh tut, und von Müdigkeit so zerschlagen, daß du fast wie ein Tier bist? Wie willst du beten, wenn du so müde bist?

Nun, Brüder und Schwestern, gerade in jener Situation äußerster Armut habe ich eine neue Dimension des Betens entdeckt, die wichtigste, die ich kenne: die Kontemplation.

Mir war es, als würde sich im Heiligsten Herzen etwas wie eine Wunde öffnen, und ich verstand zum ersten Male, daß das Gebet nicht durch das Gehirn, sondern durch das Herz geht.

Gott kannst du nicht mit dem Verstand festhalten, du erreichst ihn mit der Liebe.

Ich fühlte mich solidarisch mit allen Armen der Erde, ich fühlte mich im Chor mit allen denen beten, die nicht mehr zu beten vermögen, so müde sind sie.

Gott ist nicht mit den Reichen, mit den bequemen Leuten, die zum Beten hübsche Rasenflächen, lange Korridore brauchen.

Gott ist der Gott der Armen, der Mutter mit den vielen Kindern, die ihr um die Füße tanzen; der von der schweren Arbeit abgestumpften Bauern, denen es, wenn sie beten wollen, nur zu einem Seufzer reicht.

Alles war umgestülpt, und ich begriff, daß das wahre

Gebet ein Akt der Liebe ist, dargeboten, nachdem man die ganze Kraft des Daseins, all seine Möglichkeiten, den Brüdern zu helfen und sein eigenes Brot zu verdienen, dargeboten hat.

Das ist etwas ganz anderes.

Ich sah, daß das wirkliche Gebet nicht aktiv, sondern passiv ist. Daß es mehr Schweigen ist als Wortemachen. Daß es mehr Kreuz ist als Kultur.

Die Wüste hatte mich beten gelehrt.

Die Armut hat mir den Weg gewiesen.

Ich gestehe, daß ich nie mehr von der Wüste weggegangen wäre, so glücklich war ich, und so sehr fühlte ich mich verwirklicht.

Aber ich wußte, ich würde eines Tages wieder heimkehren müssen.

Wir Kleinen Brüder betrachten die Wüste als eine Etappe, eine Pause im Leben, einen ganz bestimmten Zeitabschnitt, für die Suche nach Gott als dem Absoluten.

So war es ja auch bei Jesus.

Danach muß man zurück in die Stadt, zu den Menschen. Die Kirche ist nicht sehr für den Eremitismus als Lebenszweck, und sie hat recht.

Die Wüste, die uns erwartet, ist der Asphalt unserer Städte. Die Kontemplation, die wir suchen müssen, ist die Kontemplation auf den Straßen.

So fand ich mich wieder in Europa. Mitten in der Krise der Kirche und der Welt.

Ich sah, was für eine große Gnade es für mich war, diese langen Jahre in der Einsamkeit der Sahara zu verbringen.

Wenn ich nicht mehr erschrak vor dem, was in der

Welt vor sich ging, und vor dem, was in der weltweiten Krise zu Tage kam, so verdankte ich das der Einsamkeit, die mir Kraft gegeben hatte; und noch mehr Kraft hatten mir die Nächte gegeben, die ich auf den Dünen im Gebet verbrachte.

Nun bin ich hier, wie um das Thema meines Lebens abzuschließen.

Im ersten Teil war das Handeln führend. Im zweiten Teil das Gebet.

Jetzt versuche ich, die Synthese von beidem zustandezubringen. Im Grund geht es mir wie der Kirche, die gleichzeitig aktiv und kontemplativ ist.

Es ist für den Christen nicht mehr möglich, die beiden Seinsweisen zu trennen.

Die Aktion genügt nicht; ohne Gebet ist sie leer.

Das Gebet läuft Gefahr, zum Selbstbetrug zu werden, ohne den Einsatz in der Gemeinschaft der Menschen.

Schon J. Maritain hat es gesagt: „Was wir heute brauchen, ist die Kontemplation auf den Straßen."

Und das ist ein hinreißendes Abenteuer.

# Einführung

# Die Angst ist das Zeichen, daß du dich nicht vom Heiligen Geist führen läßt

Wenn ich nachdenke über das, was in der Welt geschieht, und über die Kirche, die deren Gewissen ist, und über mich, der ich eine winzige Antenne von beiden bin, kommt es mir vor, als träten wir nächstens in den Kern der Zyklone ein.

Es geht ein Wind, an den wenige von uns gewöhnt sind, und die Erde, das Symbol der Festigkeit, erweist sich in Anbetracht ihrer Ausbeutung und fortschreitenden Verseuchung als unfähig, uns zu erhalten und zu ernähren.

Selbst die Kirche – Stadt auf dem Berg, Anker der Rettung, uneinnehmbarer Turm, sicheres Schiff – erscheint den Ängstlichen und Schutzlosen unfähig, uns die Sicherheit zu verleihen, an die wir gewohnt waren und die den Trost und die Zuversicht jener Menschen ausmachte, die keinerlei Lust hatten, persönliche Verantwortung zu übernehmen.

Die Angst geht in der Welt um.

Die Angst geht in der Kirche um.

Daß die Welt Angst hat, wundert mich nicht. Es ist ganz natürlich, beim Überhandnehmen der Kriminalität und bei der Dreistigkeit der Terroristen und Räuber.

Mich bekümmert die Angst der Kirche, weil sie das

traurige Zeichen dafür ist, daß uns der Glaube an Christus, den Auferstandenen, den Herrn der Geschichte, ausgegangen ist.

Diese nachkonziliare Kirche, diese unsere Kirche, läuft Gefahr, als die Kirche der Angst in die Geschichte einzugehen. Und das ist sonderbar, denn gerade jetzt hat die Kirche kein Recht darauf, ängstlich zu sein! Gerade nachdem sie im Konzil auf – ich möchte sagen – wunderbare Weise den Beistand des Heiligen Geistes erfahren hat (welche Kirche, christlich oder nicht, kann sich einer solch neuen, erregenden, solch freien, fruchtbaren, schöpferischen und vitalen Versammlung rühmen, wie es für die Katholische Kirche das II. Vatikanische Konzil war!); gerade nachdem sie einen so außerordentlich einigen und entschlossenen Episkopat zusammenführen konnte; gerade nachdem sie die unvergeßliche Stunde zum Abschluß des Konzils auf dem Petersplatz erlebt hat, als Papst Paul VI., dessen so bewegliche und menschliche Züge die Hoffnungen von uns allen widerspiegelten, mit unerhörter Dynamik einen neuen Ehevertrag zwischen der Kirche und der ganzen Menschheit anbot; gerade nach vier Jahren kirchlicher Einmütigkeit, als die Polemik zwischen Traditionalisten und Neuerern endlich beruhigt schien; gerade jetzt muß diese Pest ausbrechen, die Epidemie der Angst.

Schaut euch einmal um und sagt, ob es nicht wahr ist.

Die Angst vor dem Neuen und die Scheu, die Dinge mit anderen Augen zu sehen als in der Vergangenheit, lähmt die Diözesen, verzögert die Erneuerung, die Anwendung der Konzilsbeschlüsse, verhärtet die Verantwortlichen, die sich oft nur mit der blinden Verteidigung sinnleer gewordener Formen der Vergangenheit befassen, statt ein in seinem Inhalt immer neues Evangelium mutig zu verkündigen.

Und was soll man von denen sagen, die ihr eigenes Inneres auswechseln, das doch der einzige Ort ist, wo sich der Heilige Geist niederlassen kann?

Die Angst vor dem Ungehorsam... der Untergebenen verleitet die Oberen zu Sünden des Machtmißbrauchs, die noch verderblicher für die Gemeinschaft freier Menschen – für die Kirche – sind.

Die Angst vor den leeren Seminaren und Noviziaten lähmt die Phantasie der Kurien und Kongregationen, sie verrät die Unfähigkeit, zu glauben, daß es Gott weder an Macht fehlt, uns Hirten zu geben, noch an Phantasie, sie zu ändern. Die Angst vor den gelichteten Kirchenbänken im Sonntagsgottesdienst treibt manche so weit, daß sie das Gebet für nutzlos halten, weil Gott nicht mehr unter den Gewölben der Kathedralen zu finden ist; andere treibt es zurück in die Vergangenheit, in der die Messe noch lateinisch gelesen wurde und die Handkommunion ein Skandal gewesen wäre.

Den Höhepunkt erreicht die Angst dort, wo die Sicherheiten einstürzen: die soziologischen, politischen, kulturellen, institutionellen Sicherheiten. Der Zusammenbruch einer gegebenen christlichen Gesellschaft – der unseren – läßt geradezu Zweifel an der Existenz Gottes aufkommen bei vielen, die dieser Gesellschaft angehörten, die aber mehr Zutrauen zu den sichtbaren Dingen als zu den unsichtbaren hatten und mehr an die christliche Gesellschaft und an die Ästhetik des Gregorianischen Gesangs als an Gott selbst glaubten. Die sind es, die im Glauben schwankend geworden sind.

Und es sind viele.

Das ist kein Spaß.

Die Glaubensverunsicherung auf kultureller Ebene bleibt immer eine der härtesten Prüfungen des Menschen.

Erst recht der Mensch von heute, der durch seine Erfahrungen mit der Macht und durch seine wissenschaftlichen Erkenntnisse gewitzigt ist und in einer Zeit leben muß, in der alles in Frage gestellt wird und in der die religiösen Infantilismen von ehedem auf dramatische Weise entlarvt werden, verliert einen Halt nach dem andern.

Dieser Mensch, der sich für religiös hielt und nie ernstlich über seinen Glauben nachgedacht hat, wird wie ein Betrunkener, der sein Gleichgewicht samt seiner Identität verloren hat.

Über ihm schließt sich der Himmel, und die Erde wird zum Fragezeichen.

Wenn ihn dann ein Schwindel erfaßt, kann er in kurzer Zeit eine lange Vergangenheit der Treue und Innerlichkeit austilgen.

Dann löst sich die Familie auf, die Konvente veröden und die einst blühenden Gemeinschaften sterben ab aus Mangel an Kraft und Licht.

Der Mensch bleibt allein, ohne Kirche, und seinen Schwächen ausgeliefert. Und da sein Grundstock sich nicht ändert, wenn auch die Zeiten sich ändern mögen, so ist das, was nun passiert, immer das gleiche, denn die Sünde ist phantasielos und wiederholt sich in ewiger Monotonie.

Aber vielleicht war es unvermeidlich, daß es so kam. Allzuviele machten sich vor, Christen zu sein, und waren Heiden.

Allzuviele trennten die Religion vom Evangelium, den Kirchgang vom Leben.

Allzuviele redeten von ihrer Liebe zum Papst, aber sorgten sich nicht um die Befreiung des Menschen.

Und schließlich, sagen wir es offen und ehrlich: Warum immer dieses Zögern in der Kirche? Warum jahrhundertelang die Eucharistiefeier in einer unbekannten Sprache halten?

Warum den Glauben des Volkes mehr mit der Schwäche der Devotionen als mit der bestürzenden Stärke des Wortes Gottes nähren? Warum sich vom Sozialismus das Vertrauen der Unterdrückten entreißen lassen?

Warum sich so lange Zeit mit der Macht und mit den Reichen zusammentun?

Keine Angst also, wenn sich etwas ändern wird.

Und es wird sich im richtigen Sinn ändern.

Was mir diese Gewißheit gibt, ist dies: Seit das Konzil den Vorrang des Wortes Gottes besiegelt hat und die Gemeinschaften sich angewöhnt haben, sich mit dem Evangelium zu beschäftigen, ist unter der wärmenden Einwirkung des Heiligen Geistes der eisige Boden der Institutionen aufgetaut.

Ein außerordentliches Phänomen macht sich bemerkbar, und mir ist, als sei ich in die Zeit Jesu zurückversetzt.

Sein Wort dringt schlicht und schneidend in das Bewußtsein der Menschen und bringt sie in eine Krise.

Das Heidentum, das uns umgibt, und der Materialismus, der uns versucht, wird in der Seele zum Schweigen gebracht durch den Gesang der Seligpreisungen, der in unserem Geist als Freude und Befreiung widerhallt.

Überall bilden sich kleine Gebetsgemeinschaften, die Kirche sein wollen und das Mahl des Herrn mit Fröhlichkeit und Frieden im Herzen neu erleben.

Überall spricht man von Befreiung der Unterdrückten; von Dienst, von Armut, von Liebe.

Ja, das ist das Evangelium, das an die Türen klopft.

Gott hat sein Volk nicht verlassen.

Der Heilige Geist ruft noch immer nach seiner Braut: der Kirche.

Die Braut soll sich nicht fürchten.

Die Angst ist das Zeichen ihres Kleinglaubens und des Mangels an Vertrauen zu dem, der der Gott des Unmöglichen ist.

Ich weiß, es ist nicht leicht, besonders für den, der an seine eigenen Sicherheiten gewöhnt ist, und für die Kirche von gestern gab es Sicherheiten die Menge.

Man braucht nur daran zu denken, daß es ihr in vielen Staaten gelungen war, sich vom Staat selbst schmeicheln, verteidigen, bezahlen, unterstützen zu lassen.

Kirche und Staat, ein einziger Block: welche Macht, welche Stärke, welcher Rückhalt!

Freilich scheint es damit nun ein Ende zu haben, und viele Christen freuen sich darüber. Nicht alle zwar, und darum geht die Angst um. Und das ist verständlich.

Aber das gelebte und angenommene Evangelium gibt uns zu verstehen, daß es wohl besser ist, Rückhalt nicht mehr in der Macht der Menschen, sondern in der himmlischen Macht zu suchen, beim Vater, wie Jesus es tat: „Mein Vater und mein Gott."

So ist das Abenteuer interessanter und verlangt mehr von uns.

Die Jungen sind alle auf dieser Seite, vielleicht auch, weil sie die Schwierigkeiten, die dieses Abenteuer mit sich bringt, nicht ermessen.

Das Abenteuer, Fremde und Pilger auf dieser Erde zu sein. Die Geschichte Israels kehrt wieder: Exodus, Wüste, Unsicherheit.

Ich komme von diesem Grundschema der Bibel nicht los, wohl auch, weil ich das Gefühl habe, daß mein eigenes Leben die gleichen Phasen durchschritten hat und durchschreitet. Ägypten als Ort der Knechtschaft, der Exodus als Zug der Befreiung durch die Wüste, der Einzug in das Land der Verheißung, seine Eroberung, die Errichtung des Königreiches in Jerusalem, die erneute Untreue gegen Jahwe und die darauf folgende Strafe: das Exil in Babylon; dann die Heimkehr des kleinen Rests Israels und der Beginn der neuen Zeit mit dem Kommen Christi.

Ob die Kirche, das neue Israel, nicht den gleichen Weg zu gehen hat? Durchläuft ihre Geschichte nicht die gleichen Etappen?

Ich meine doch.

Hat sie etwa nicht ihren Exodus und ihre Wüste durchlebt?

Hat sie nicht das neue Jerusalem erobert: Rom?

Hat nicht auch sie gesündigt durch übertriebene Selbstsicherheit, Machtstreben, Vergessen der Armen und des harten missionarischen Lebens?

Hat sie sich nicht dazu bequemt, wenn auch in gutem Glauben, das Sichtbare, das Gepränge zu überschätzen, das wie ein dichter Vorhang die schmerzliche Wirklichkeit des Kreuzes, die Armut des Arbeiters von Nazaret, die Schwäche des Kindes von Betlehem verdeckt hat?

Kann sein.

Kann auch sein, daß die Zeit für die Umkehrung des Exodus gekommen ist, im Sinne von Hosea: „Zum Lande Ägypten wird Israel zurückkehren“ (Hos 11,5).

Ich weiß nicht.

Jedenfalls schwinden Sicherheit und Pracht dahin, und man braucht gar nicht erst von Verschleppung nach Babylon zu sprechen, nachdem Babylon sich längst in unsere christlichen Städte verlegt hat.

Wir Christen müssen uns, glaube ich, klarmachen, daß wir von nun an auf fremdem Boden leben, in das moderne Babylon verbannt zu kleinen Minderheiten geworden, aber Zeugen des Unsichtbaren, nicht mehr Herren, sondern Gäste der Völker, Überbringer einer Botschaft, die die Macht hat, alle zu retten, und Träger einer Hoffnung, die die einzige Hoffnung ist.

Es ist, als fingen wir von vorne an, wiewohl wir von Situationen ausgehen, die sehr viel reifer und komplexer und vor allem viel explosiver sind.

Die Worte Hoseas könnten einen pessimistisch stimmen:

*Zum Lande Ägypten wird Israel zurückkehren,*
*und Assur wird sein König sein...*
*Das Schwert wird wüten in seinen Städten*
*und vertilgen seine Kinder* (Hos 11, 5 f).

Mag sein, daß die Kirche in der Tat harten Zeiten entgegengeht, wie Israel in der Zeit der Verbannung (was für bittere und naive Prophezeiungen tuschelt man sich in den Pfarreien zu).

Mir sagt das nicht viel, weil Christus mich von der Angst befreit hat, und so bin ich nicht in derselben Lage wie Israel, das vom Schwert Assurs in Schrecken gehalten wird.

Ich fühle mich sicher und getröstet, weil Jesus in mein Leben getreten ist, und wenn ich Hosea aufsuche, verweile ich lieber bei dieser anderen Stelle:

*Wie könnte ich von dir lassen, Efraim,*
*dich preisgeben, Israel? ...*
*Mein Herz kehrt sich um in mir,*
*Mitleid regt sich in mir ...*
*Denn Gott bin ich und nicht ein Mensch* (Hos 11, 8f).

Das ist es: Ich bin dein Gott, sagt der Herr.

Und daß Gott mein Gott ist, bedeutet, daß er mein Vater ist, Wurzel meines Seins, Herr des Himmels und der Erde, das Absolute, der Retter, mein Ziel, mein Alles.

Wenn Gott mein Gott ist, fürchte ich nichts mehr.
Ich vertraue mich ihm an.
Ich lasse seinen Willen an mir geschehen.
Er ist der Gott des Unmöglichen!

Wenn ein Seminar geschlossen wird, denke ich nicht daran, mir Sorge zu machen, es könnte eines Tages kein Priester da sein, mir die Eucharistie zu reichen.
Wenn der Vatikan verkauft wird, zittere ich nicht im Gedanken, alles sei zu Ende, und Gott sei vom Bösen bezwungen worden.
Nein, lieber singe ich mit Hosea die Worte der Hoffnung:

*Heilig bin ich in deiner Mitte, Israel,*
*Wie ein Löwe werde ich brüllen, dem Bösen entgegen.*
*Deine Kinder eilen herbei wie Tauben,*
*wie Vögel kehren sie heim in ihr Nest.*
(Nach Hos 11, 9–11.)

Ja, ich habe so große Hoffnung!

Und es ist die wahre Hoffnung, nicht eine, die sich auf menschlichen Optimismus gründet, sondern hervorgegangen aus meiner Widersprüchlichkeit und Schwäche, aus den Widersprüchlichkeiten und

Schwächen der Kirche und aus dem Anblick des fortwährenden Babylon der Welt.

Meine Hoffnung gründet sich nicht auf meine Kraft und auf die organisierte Kraft der Kirche, sondern allein auf den lebendigen Gott, auf seine Liebe zum Menschen, auf sein Handeln in der Geschichte, auf seinen Heilswillen.

Ich setze meine Hoffnung auf den Gott, der Jesus von den Toten auferweckt hat und der die Macht hat, alles neu zu machen.

Als ich in der Wüste war, habe ich ein von Charles de Foucauld verfaßtes Gebet gelernt, das meinen ganzen Glauben so drastisch zusammenfaßt, daß ich es nie anders als in der Kraft des Heiligen Geistes beten kann. Oft hielt ich in der Mitte inne, ich konnte nicht weiter. Manche dieser radikalen Forderungen erschreckten mich, es war mir, als würden durch sie meine Tatkraft und mein Freiheitsraum beschnitten.

Jahre sind vergangen seit meiner Rückkehr aus der Wüste. Ich habe neu erfahren, was es bedeutet, mit den Menschen zu sein. Wie es mir heute zumute ist, kann ich mit wenigen Worten sagen: Ich habe entdeckt, daß ich viel ärmer bin, als ich damals dachte. Doch je mehr man seine Armut entdeckt, desto mehr drängt sie einen zum Beten; und wenn ich heute das Gebet von damals, das wir Kleinen Brüder „Gebet der Hingabe“ nennen, spreche, dann habe ich den Eindruck, als bete ich es jetzt mit mehr Wahrhaftigkeit.

Versucht auch ihr es zu sprechen, und wenn es euch gelingt, in Liebe und innerem Frieden es zu Ende zu beten, schreibt mir ein paar Zeilen.

Ich habe dann wieder einen Beweis, daß Gott der Vater überall Söhne und Töchter hat und daß der Heilige Geist die ganze Welt mit seiner Liebe erfüllt.

Hier ist das Gebet:

Mein Vater,
ich überlasse mich dir.
Mach mit mir was du willst.
Was du auch mit mir tun magst, ich danke dir.

Zu allem bin ich bereit, alles nehme ich an.
Wenn nur dein Wille sich an mir erfüllt
und an allen deinen Geschöpfen,
so ersehne ich weiter nichts, mein Gott.

In deine Hände lege ich meine Seele;
ich gebe sie dir, mein Gott,
mit der ganzen Liebe meines Herzens,
weil ich dich liebe,
und weil diese Liebe mich treibt,
mich dir hinzugeben,
mich in deine Hände zu legen, ohne Maß,
mit einem grenzenlosen Vertrauen;
denn du bist mein Vater.

# Erster Teil

# Gott ist mein Vater

# 1 Mein Vater

Einen Stern erschaffen
ist anders als einen Sohn erschaffen.
Eine Blume erschaffen
ist anders als einen Sohn erschaffen.
Eine Libelle erschaffen
ist anders als einen Sohn erschaffen.

Gott hat mich zuerst als einen Sternensplitter gemacht und mir das Leben gegeben,

dann hat er mich als eine Blume gezeichnet und mir die Form gegeben,

und dann hat er mir das Bewußtsein eingegossen und hat mich geliebt.

Ich glaube an die Evolution im Schöpfertum Gottes, und ich stelle mir gerne vor, daß Gott Material von den Felsen genommen hat, um meinen Leib zu machen, und Zeichnungen von den Blumen, um nach ihrem Muster meine Nervenzellen zusammenzufügen. Aber als er an mein Bewußtsein dachte, suchte er das Modell in sich selbst, in seinem dreifaltigen Leben, und machte mich nach seinem Bild und Gleichnis: Mitteilung, Freiheit, ewiges Leben.

All das bedeutet, einen Sohn zu erschaffen, denn der Sohn ist Leben vom Leben des Vaters, er ist Freiheit von der Freiheit des Vaters, er ist Mitteilung, um mit dem Vater Austausch zu halten.

Es gibt viele Baupläne im sichtbaren Kosmos und

im unsichtbaren Himmel, aber alle sind Vorübungen eines einzigen Entwurfs im Plane Gottes: mich zu seinem Sohn zu machen. Zu einem Sohn, der Leben haben soll von dem seinen, daß er ewig sei, der Freiheit haben soll von der seinen, daß er glücklich sei, und der sich mitteilen kann wie er, daß er wie er Liebe sei.

Natürlich ist der Plan nicht fertig und die Arbeit nicht vollendet. Wäre das alles beendet, so wäre das Ende der Welt gekommen.

Die Welt ist noch nicht am Ende, weil das Werk noch nicht zu Ende geführt ist; und darum „wartet die ganze Schöpfung in ungeduldiger Sehnsucht auf das Offenbarwerden der Söhne Gottes“ (Röm 8, 19) und „seufzt und liegt in Wehen bis heute“ (Röm 8, 22), weil es keine leichte Arbeit ist.

Der Abstand vom Ende, das ist auch der Abstand, der jeden von uns von seiner wahren Geburt trennt, nämlich von dem Tag, an dem er aus der Höhle der sichtbaren Dinge heraustreten wird, um in vollkommener Bewußtheit zu sagen: „Mein Vater.“ So wird er zu seinem Schöpfer selbst sprechen und wird in sein Haus als Sohn eintreten, nicht wie sonst ein Geschöpf, nicht wie eine Blume oder ein unwissendes Tier, die unfähig sind, den Vater zu kennen.

Die Geschichte des Menschen auf Erden ist nichts als die lange, dramatische, mühsame Geschichte seiner Umgestaltung, die ihn so lange umfängt, bis er zum Kind Gottes geboren wird.

So dramatisch wäre es nicht, wenn der Mensch nicht eine der schwierigsten Verantwortlichkeiten Gottes – die Freiheit – sich zu eigen machen müßte. Und es wäre auch nicht so mühsam, wenn es nicht die Sünde gäbe, diese unbegreifliche Bosheit des Menschen, daß er Nein sagen kann zur Liebe und daß er den Plan Gottes zurückweisen kann.

*Er kam in sein Eigentum, und die Seinigen nahmen ihn nicht auf.*
*Allen aber, die ihn aufnahmen, gab er Macht, Kinder Gottes zu werden, denen, die an seinen Namen glauben... und... aus Gott gezeugt sind* (Joh 1, 12–13).

Einen Sohn erschaffen!

Gott macht mich zu seinem Sohn. Gott bedient sich des Kosmos und der Weltgeschichte, um den göttlichen Bereich meiner Geburt herzustellen.

Er modelliert mich und rührt mich an mit den geschaffenen Dingen und weckt mich zum Bewußtsein: manchmal, indem er mich sanft mit seiner Gnade streift, und dann wieder rüttelt er mich auf mit der Kraft seines Geistes.

Ich bin im Bereich der Dinge drinnen, bin aus den Dingen gemacht, aber ich trachte nach einem Leben, das jenseits der Dinge ist.

In den Dingen geboren als Menschenkind, werde ich nach und nach Gotteskind.

Als Kind meines Vaters und meiner Mutter geboren, die mir die irdische Wirklichkeit übermittelt haben, werde ich ein zweites Mal als Kind der himmlischen Wirklichkeit geboren werden.

Jetzt bin ich noch wie ein Fötus, auf halbem Weg zwischen meiner Vergangenheit und meiner Zukunft, zwischen den Dingen, die ich kenne, und denen, die ich nicht kenne.

Es ist keine bequeme Lage, in der ich bin.
In der Tat leide ich darunter.
Ich leide an Unfertigkeit, Blindheit, Sehnsucht.

An Unfertigkeit, weil ich eben noch nicht fertig geschaffen bin und es an Reife fehlen lasse; an Blindheit, weil ich nicht klar sehe, so eingeschlossen in die Dinge, wie ich bin; an Sehnsucht, weil ich manchmal schon Gottes Leben durch meine Adern strömen fühle und doch in Geduld mein wildes und krankes Menschenblut zu ertragen habe.

Würde mir einer sagen, in dieser Lage müsse ich immer bleiben, so hielte ich das für eine ganz schlechte Nachricht.

Es wäre, wie wenn man mir sagen würde: „Du mußt immer im Schoß deiner Mutter bleiben."

Ich liebe den Schoß meiner Mutter, der mich getragen hat, aber ich habe ihn verlassen, sobald ich konnte. Ich schaue meine Mutter lieber von außen an als von innen.

Man fühlt sich auf die Länge nicht wohl im Schoß eingezwängt, oder wenigstens, man fühlt sich besser, wenn man ausgestiegen ist.

Der Kosmos und die Geschichte sind wie der ungeheure und vielfältige Schoß, der lichte und dunkle, leichte und schwere Aufenthalt, wo sich mein vorgeburtliches Leben vollzieht, der „göttliche Bereich" meines Sohnwerdens.

Ich muß aber aus dieser Umhüllung hinaustreten, und auch ihr, ob ihr wollt oder nicht, müßt hinausgehen.

Ich sage in meiner Hoffnung: „*Morgen ist besser als heute*", weil die Logik Gottes, die Liebe Gottes, der mich erschafft, auf das Bessere zielt und nicht auf das Schlechtere, auf das Leben und nicht auf den Tod, auf den Austausch der Liebe und nicht auf die Einsamkeit, auf das Glück und nicht auf das Leid.

Darum, wenn ich einmal hinausgetreten bin, werde

ich auf die Erde zurückschauen, die mich erzeugt hat, und werde sagen: „Endlich!“

Lange Zeit fand ich den Erdenschoß leidlich bequem, bewohnbar und sogar schön und erfreulich, aber nun ist er mir eng geworden. Je mehr ich mich der Ausgangstür nähere, desto mehr fühle ich mich beklemmt, und es gelüstet mich, die Wand zum Unsichtbaren zu durchstoßen.

Gott, der das voraussah, hat ein erstaunlich wirksames Mittel gefunden, eine geeignete Bremse für das Verlangen, wegzulaufen und die Last der Erde abzuschütteln: *die Liebe zu den Brüdern.*

Hört, was Paulus hierzu sagt:

> *Für mich ist das Leben Christus und das Sterben Gewinn. Gilt es aber, weiterzuleben im Fleische, so bedeutet mir das ein fruchtreiches Schaffen, und so weiß ich nicht, was ich vorziehen soll. Es zieht mich nach beiden Seiten hin. Ich habe das Verlangen, aufzubrechen und mit Christus zu sein; denn das wäre weitaus das Bessere; das Verweilen im Fleisch aber ist notwendiger um euretwillen. Und im Vertrauen darauf bin ich gewiß, daß ich noch bleibe und verweile unter euch allen zu eurem Fortschritt und zu eurer Freude im Glauben* (Phil 1,21–25).

Besser läßt sich die innere Verfassung eines Menschen wohl nicht ausdrücken, der im Glauben lebt und sich hin- und hergerissen fühlt zwischen der Liebe zu Gott, der ihn ruft, und der Liebe zu den Brüdern, die ihn bindet.

Ja, ich möchte viel lieber gehen, aber wenn ich der Kirche noch nützlich bin, nun, dann bleibe ich.

Aber wenn man an diesem Punkt ist und der Glaube diese Weite und Transparenz erreicht hat, sieht man die Erde und den Himmel schon ineinander verwoben als wären sie eins. Und doch ist es noch etwas ganz anderes, wenn man aufbrechen darf, um das Gesicht des Vaters zu sehen.

Inzwischen bin ich hier und muß hier bleiben. Ich bin hier und muß zu begreifen versuchen, warum ich hier bin. Ich muß gleich sagen, das Wort „begreifen“, das ich gebraucht habe, ist nicht das richtige.

Das Begreifen gilt der Beziehung zu den Dingen, die ich kenne, es ist nicht zu gebrauchen bei denen, die ich nicht kenne. Wie kann ich Gott begreifen, den ich nicht sehe? Wie kann ich seine Vaterschaft begreifen, die mich übersteigt und mir voraus ist?

Wie kann ein Fötus die Mutter begreifen? Er muß sich ihr anvertrauen, es bleibt ihm nichts anderes übrig. Ein Ungeborenes kann von seiner Mutter nicht die Urkunde über den Grund seines Daseins verlangen oder sie darüber belehren, wie sich die Geburt abwickeln soll.

*Sich erschaffen lassen* ist die erste gute Eigenschaft jedes Geschöpfs,

*passiv bleiben* in den Händen dessen, der uns vorangeht, so kann man es auch sagen,

*sich der Wirklichkeit verfügbar machen* ist die redlichste und vernünftigste Haltung des Menschen, der sein Morgen nicht kennt und absolut nichts weiß über den Weg, der vor ihm liegt.

Darum heißt das richtige Wort „glauben“; aber es ist so schwer!

Wer von uns macht nicht ein müdes Gesicht, wenn er von der Notwendigkeit des Glaubens hört.

Ja, Glauben ist schwer.

Es ist schwer, weil es eine reife Haltung in einem unreifen Wesen ist.

Es ist schwer, weil es eine Einstellung der Liebe und des vollkommenen Vertrauens ist in einem Geschöpf, das zur Liebe unfähig und von Unglauben durchherrscht ist. Es ist schwer, weil es fast so viel ist wie ein „Ganz-gelöst-Sein“ in einem Fötus, bei dem fast alles ungelöst ist. Ich bin versucht zu sagen – und ich habe viel darüber nachgedacht –, daß der Glaube ein auswegloser Zirkel ist: je mehr du ihn nötig hast, desto weniger fühlst du ihn, je dringender du ihn brauchst, desto weniger weißt du, wo du ihn suchen sollst.

Gerade dann, wenn du überall den Kopf anschlägst und es nötig hättest, dich führen zu lassen, machst du dich steif, willst in dir eine Lösung finden, die nicht von dir kommen kann; je blinder du bist, desto eifriger machst du dich erbötig, andere Blinde zu führen.

Es ist tragisch und auch zum Lachen. Wir sind naseweise und trotzige Kinder, die vom Arzt und seiner Medizin nichts wissen wollen. Statt sich voll Hoffnung auszustrecken und die Augen vertrauensvoll zu schließen, rollen sie sich wie wilde Tiere zusammen, brüllen ohne Sinn und Verstand und führen ein albernes Theater auf.

Ausgerechnet da, wo es nichts zu begreifen gibt, will der Mensch begreifen.

Diese Versuchung ist ganz natürlich. So klammert man sich an einen sichtbaren Balken in einem unabsehbaren und vom Sturm aufgewühlten Meer.

Ja, es ist natürlich, aber man kommt so nicht weiter.

Der Glaube ist eine neue Lebensdimension im Umgang mit dem Unsichtbaren.

Es ist schwer, zu glauben.

Und es wäre für den Menschen eine geradezu unlösbare Sache, wenn nicht Gott, der die Liebe ist, die Lösung des Problems gefunden hätte.

Die Lösung ist der Heilige Geist.

Der Heilige Geist ist die Liebe Gottes, er ist der Wind, „von dem man nicht weiß, woher er kommt und wohin er geht“, und der an den Türen von Jerusalem rüttelt und sie aufstößt an Pfingsten.

Er ist das Wasser, das den trockenen Boden durchtränkt und ihn fruchtbar macht.

Er ist die Sonne, die die erstarrten Glieder erwärmt und belebt.

Der Heilige Geist, der die Liebe Gottes, die Fruchtbarkeit Gottes, die Schöpferkraft Gottes ist, kommt zu mir und sagt mir: „Gott ist dein Vater.“

Erst flüstert er es mir ganz leise zu, dann sagt er es lauter, dann noch lauter und so immerfort bis ans Ende.

Er ist Gottes Zeuge.

Er ist immer anwesend, er wirkt mit Macht und Milde; und wie er mir das Licht der Wahrheit „mit unaussprechlichen Seufzern“ aufgehen läßt, nimmt er für mich das tiefste aller Gebete vorweg: „Mein Vater.“ So wendet er sich zum Vater an meiner statt, da ich es noch nicht kann.

Ja, der Geist ist der in mir gegenwärtige Zeuge. Er kommt und geht, kehrt wieder, er kehrt immer wieder zu mir zurück, ohne jemals müde zu werden. Denn er ist die Liebe, und die Liebe wird nie müde.

Du hast gute Lust, ihn anzuschreien, das sei nicht wahr, Gott könne unmöglich Vater sein. Der Geist geht leise hinaus, läßt dich fluchen, bis du genug hast, und dann: unversehens ist er wieder da, hat sich wie eine Taube auf der Sintflut deines ausgetobten Zorns und auf dem Schutt deiner Müdigkeit niedergelassen, um es dir wieder zu sagen: „Gott ist dein Vater und du bist sein Kind."

Ja, es ist schwer, zu glauben, daß Gott Vater ist, wenn man die Dinge von unserem Blickpunkt aus betrachtet, aber es ist noch schwerer, *nicht* zu glauben, wenn man – wie wir – umgeben und durchwirkt ist von einem so eifrigen Zeugen.

Früher oder später werden wir nachgeben müssen. Schließlich – er ist die Liebe, und die Liebe ist unbezwinglich. Sie ist der Beweis, der alle Beweise überwindet.

So sagt es die Schrift: „Der Beweis, daß ihr Kinder seid, ist, daß Gott den Geist seines Sohnes in unsere Herzen gesandt hat, der ruft: 'Abba, Vater!'" (Gal 4,6)

Ja, er ruft, ruft.

Ich höre ihn so laut rufen, daß ich keine Einwände mehr finde, ihm zu widersprechen. Würde ich es leugnen, so würde ich mich gegen ihn, also gegen den Heiligen Geist versündigen.

Da halte ich mir in schwierigen Stunden lieber die Worte vor Augen, mit denen Paulus diese Gewißheit ausdrückt:

> *Der Geist selbst bezeugt unserem Geist, daß wir Kinder Gottes sind. Wenn aber Kinder, dann auch Erben, Erben Gottes, Miterben Christi* (Röm 8, 16 f).

Mein Vater!

Das ist die Quintessenz der ganzen Offenbarung, das Wort, das die ganze Bibel zusammenfaßt, der Inbegriff der „Guten Botschaft", das Ende aller Angst.

Gott ist mein Vater, im wahren, tiefen, echten, lebendigen Sinn des Wortes.

Gott ist mein Vater, er schaut mich an. Gott ist mein Vater, er liebt mich.

Gott ist mein Vater, und er will mich immer bei sich haben.

Wenn Gott mein Vater ist, fürchte ich mich nicht mehr vor dem Finstern, weil er auch in der Finsternis wohnt und sie ans Licht zieht, wenn die Zeit dafür gekommen ist.

Wenn Gott mein Vater ist, kann ich mit ihm verkehren, mit ihm sprechen, ihm zuhören und ihm sagen: „Mein Vater und mein Gott."

Das ist eine überaus erstaunliche Sache. Es ist die Quelle aller möglichen Gaben.

In eins damit habe ich die Gabe des Lebens.

In eins damit habe ich die Gabe der Wahrheit.

In eins damit habe ich die Gabe der Liebe.

Vor allem habe ich in eins damit die Gabe des „Zuhause".

All meine Erfahrungen auf dieser Erde haben in mir die Idee des „Zuhause" reifen lassen.

Ein Heim haben, in einem Haus wohnen.

Alle die Häuser, die ich hinieden bewohnt habe, alle haben im guten oder schlechten Sinn nur immer die Idee in mir gefördert und ausgeläutert, manchmal auch zugeschärft, daß wir dazu geschaffen sind, in einem Haus zu wohnen, nicht allein zu sein. Wir sind aus den Beziehungen zu den anderen gemacht. Wir sind aus Liebe gemacht, aus Wärme, aus Hingabe, aus dem Füreinander.

Wir sind dazu geschaffen, in ein Haus einzukehren, wo ein Vater ist und wo Geschwister sind und wo niemand ausgeschlossen wird.

Wir sind dazu geschaffen, ein Haus zu haben, das uns den Sinn für Beständigkeit, für das Bleibende, für die Ruhe gibt.

Ja, wir sind für ein Haus geschaffen, wo Gott Vater ist und wo alle Menschen Brüder sind.

Die Heilsgeschichte mit ihren Etappen, vom „Bund mit Gott“ bis zur „Wohnung Gottes in unserer Mitte“, von der „Gegenwart Jahwes“ im Lager in der Wüste bis zur „Inkarnation des Wortes“ ist nichts anderes als die Inszenierung eines Planes der Liebe, bei dem wir mitspielen, um die Intimität mit Gott, dem Absoluten, zu verwirklichen als Gegenwart, als Gemeinschaft, als Miteinander.

Als Johannes in der Apokalypse das Ende der Zeiten in einer Vision sah, in der alle messianischen Zeichen zusammenschießen, die seit dem Sieg Christi eingelöst sind, da verwendet er, um seiner Vision Gestalt zu leihen auch das Haus.

*Ich sah die heilige Stadt, das neue Jerusalem, herabsteigen aus dem Himmel von Gott her, bereitet wie eine Braut, die sich für ihren Mann geschmückt hat. Und ich hörte eine mächtige Stimme vom Throne her sprechen: ‚Seht, das Zelt Gottes unter den Menschen. Er wird seine Wohnung in ihrer Mitte aufschlagen, und sie werden sein Volk sein, und Gott selbst wird mit ihnen sein. Und er wird alle Tränen von ihren Augen abwischen, und es wird keinen Tod mehr geben‘* (Offb 21, 2–4).

Ja, Gott wird mit den Menschen wohnen, im selben „Haus“, und seine Gegenwart bei seinen Geschöpfen wird so vollkommen sein, daß sie die früheren „Präsenzen“, selbst die im Heiligtum, ausschließt, besser, überbietet.

*Und einen Tempel sah ich nicht in ihr; denn der Herr, Gott, der Allherrscher, ist selbst ihr Heiligtum* (Offb 21, 22). *Und dort ist das Licht nicht mehr irdisches Licht, sondern das Licht Gottes*: „*Auch braucht die Stadt keine Sonne und keinen Mond, damit sie ihr leuchten; denn die Herrlichkeit Gottes hat sie erleuchtet, und ihre Leuchte ist das Lamm* (Offb 21, 23).

## 2 Ich überlasse mich dir

Gott ist mein Vater.

Diese einfachen Worte sind für den Menschen die wichtigste Kunde. Sie gehen ihn unbedingt an. Sie sind die Antwort auf alle Fragen, die das Geheimnis des Lebens uns aufgibt. Solch große Offenbarung hat sich auf diesem kleinen Planeten, der Erde heißt, ereignet.

Die Kunde schwebt über der ganzen Schöpfung, löst alle Probleme, stillt jeden Durst, erfüllt jede Hoffnung, rechtfertigt jede Erwartung, erleuchtet die Dunkelheit: Sie sagt, wer der Mensch ist.

Wer an sie glaubt, ist im Licht, wer nicht an sie glaubt, bleibt in der Finsternis.

Wer auf sie hofft, ist in der Freude, wer nicht auf sie hofft, ist in der Angst.

Wer sie liebt, hat das Leben, wer sie nicht liebt, ist im Schatten des Todes.

Was kann das Leben des Menschen auf Erden bedeuten, wenn dieses Leben sich nicht ins ewige Leben Gottes entfaltet?

Was kann die Vaterschaft des Menschen bedeuten, wenn sein Schicksal das Nichts ist?

Soll denn die Logik des Lebens ihren Schluß im Tod finden?

Soll denn die Freude über das Licht nur ein Theater sein, dessen Vorhang sich über der ewigen Finsternis schließt?

Soll denn das Feuer der Liebe am Ende in der Umarmung des unendlichen Eises erlöschen?

Nein!

Der Arme hat es im Herzen schon immer gewußt; und auf die Kunde von der Vaterschaft Gottes, die Paulus in seinem Brief an die Epheser so gut ausgedrückt hat: „Er hat uns vorausbestimmt zur Sohnschaft zu ihm hin“ (Eph. 1, 5), auf diese Kunde kann jeder seine Lebenskraft und seinen Mut zum Warten setzen.

Unter jedem Himmelsstrich, zu jeder Zeit.

Als der Mensch auf der Erde auftrat, war er schon „gerufen“, und in seinen Tiefen, ganz allmählich, vermochte er seine Berufung zur Sohnschaft zu entdecken.

Nicht ohne Grund sagt Tertullian, der Mensch sei „von Natur christlich“, also dazu veranlagt und geschaffen, die Botschaft Christi zu hören.

Und die Botschaft Christi ist eben die:

„Gott ist mein Vater – Gott ist dein Vater, des Menschen Vater.“

Jesus hat nichts anderes getan als mit der Autorität dessen, „der von oben kommt... der gesehen und gehört hat“ (Joh 3, 31 f) eine Wahrheit zu bezeugen, deren Realisierung bereits im Gang war, er verkündigte ein Absolutes, das durch die Liebe des Vaters bereits angeordnet war, er enthüllte ein Geheimnis, das in den Äonen Gottes verborgen war.

Aber dieses Absolute war schon im Herzen des Menschen.

Und dieses Geheimnis lag im Wurzelgrund des Menschenwesens.

Ich habe es entziffert, die Logik der Hoffnung in den Herzen der Armen und Benachteiligten gab mir den Schlüssel dazu.

Ich habe es wahrgenommen in der Geduld und in dem lebendigen Schweigen der Hindus an den Ufern des Ganges.

Ich habe es in den Augen des Menschen der Wüste gelesen, in diesem Blick voll Vertrauen, wenn er mit seinem „Inchahalla"[1] seine Hoffnung auf morgen bezeugt – und wie unsicher ist doch der morgige Tag für das schwache Geschöpf!

Ja, der Mensch hat eine, wenn auch undeutliche Ahnung von seiner Bestimmung, und darin findet er den Mut zum Leben und die Kraft zum Warten.

Denn mir steht das Leben zu, wenn Gott mein Vater ist.

Denn mir wird das Warten leicht, wenn Gott mir entgegenkommt.

Ja, wenn Gott mein Vater ist, kann ich ruhig sein und in Frieden leben. Ich habe eine Versicherung für das Leben und für den Tod, für die Zeit und für die Ewigkeit.

Aber was für eine Versicherung!

Da brauche ich nicht mehr schreckensvoll zu sagen: „Im Jahr 2000 werden wir sieben Milliarden auf der Erde sein: Wer wird uns ernähren?" Die Kornkammern Gottes sind größer als meine Angst, und seine Phantasie ist reicher als die unsrige: Er wird uns etwas einfallen lassen.

Wenn Gott mein Vater ist, kann ich damit aufhören, immer dieses eintönige „warum... warum... warum?" vorzubringen. Ich werde statt dessen mit Realismus und Vertrauen sagen: „Du weißt."

---

[1] Inchahalla = „So Gott will".

Wenn Gott mein Vater ist, werde ich den Ernteüberfluß nicht bloß der Qualität des Samens und den Düngemitteln zuschreiben, sondern seinem Rat folgen und sagen: „Gib uns heute unser tägliches Brot". Mit Mut und Gelassenheit will ich mich den Wechselfällen der Jahreszeiten und dem Werden der Geschichte anvertrauen.

Wenn Gott mein Vater ist, werde ich die Vorkommnisse des Tages nicht dem Zufall zuschreiben, sondern sie als Hinweise auf seine Liebe betrachten.

Wenn Gott mein Vater ist, verliere ich nicht unversehens den Glauben, wenn es mir angesichts einer Naturkatastrophe nicht gelingen will, einen Zusammenhang zu sehen zwischen Liebe und Mißgeschick, zwischen der Existenz Gottes und dem Schmerz, der mich zerreißt.

Gott ist Gott und er ist der Herr der Welt, auch wenn die Erde bebt und die Flüsse über die Ufer treten, und er ist Vater, auch wenn die Kälte mir die Hände erfriert und ein Unfall mich fürs ganze Leben zum Krüppel macht.

Das Gott-Sein und das Vater-Sein bedeutet für mich, den Sohn, daß Gott trotz allem imstande ist, das, was wir Übel nennen, in Gutes zu verwandeln. Er kann die uns unbegreiflichen, rätselhaften Geschicke zum Guten wenden für seine Kinder, wie die Schrift sagt: „Wie mit Söhnen verfährt Gott mit euch; denn wo wäre ein Sohn, den der Vater nicht erzieht?" (Hebr 12, 7)

Hier kommen wir mitten in das Problem, das den Blick auf das Wirkliche behindert, besonders wenn man noch nicht stark ist im Glauben und eine beschränkte Anschauung vom Ganzen hat.

Zwischen dem, wovon das Wort Gottes kündet, und dem, was mir vor Augen kommt, gibt es ein Zerwürfnis, einen ständigen Widerspruch, oft eine Verneinung.

Es sieht fast so aus, wie wenn die Welt, so wie sie erscheint, von jemand oder etwas dazu bestellt worden wäre, die Verheißung zu widerlegen.

Die Verheißung sagt zu Abraham: „Schau doch auf zum Himmel, zähle die Sterne! Kannst du sie zählen? So wird deine Nachkommenschaft sein!“ (Gen 15, 5)

Und die sichtbare Wirklichkeit antwortet: „Wie soll das gehen? Einem Hundertjährigen soll geboren werden, und Sara, die Neunzigjährige, soll gebären?“

Jesus spricht über Brot und Wein die Worte: „Dies ist mein Leib, dies ist mein Blut.“

Der Verstand erwidert: „Wie ist das möglich? Die Rede ist hart“ (Joh 6, 60).

Jesus, der von seinem bevorstehenden Leiden und Sterben spricht, verkündet: „Reißt diesen Tempel nieder, und in drei Tagen werde ich ihn wieder aufrichten“ (Joh 2, 19).

Als Thomas die Nachricht zu Ohren kommt, der Auferstandene sei gesehen worden, entfährt ihm: „Wenn ich nicht meinen Finger in das Mal seiner Nägel lege...“ (Joh 20, 25).

Deshalb, wenn ich über den Kosmos und über die Widersprüche dessen, was sich meinen Augen zeigt, hinweg verkünde: „Gott ist Vater“, so entgegnet mir alles: „Du spinnst! Wie denkst du dir das? Sieh doch nur die Ungerechtigkeiten, sieh dir die Hungernden an, sieh, was für eine Hölle das menschliche Leben geworden ist. Wie wäre es möglich, daß Gott unser Vater ist? Mir ist mein Kind gestorben, und Gott sollte Vater sein?“

„Ein Auto hat mich angefahren, und mir die Existenz ruiniert. Warum hat Gott das nicht verhütet?"

„Das ganze Leben habe ich mich abgeplagt, um mir ein Häuschen zu bauen und in Frieden zu leben. Es ist weg, abgebrannt. Warum hat Gott nicht eingegriffen?"

„Ich war glücklich mit meiner Frau und meinen kleinen Kindern. Nach vielen Opfern und Entbehrungen fing es gerade an, uns besser zu gehen. Da bin ich nun mit Leukämie, die mich unaufhaltsam zerstört. Und da will mir einer sagen, Gott sei Vater?"

Ja, es ist gar nicht so einfach, auf diese Widersprüche eine Antwort zu finden.

Es ist nicht so einfach, an die Verheißung zu glauben, die aus dem Wort Gottes hervorbricht.

Im Gegenteil, ich kann nie genug wiederholen, daß die furchtbarste Anstrengung meines Lebens die war: zu glauben. Ich stelle mir vor, daß es euch ebenso gegangen ist.

Der Glaube gehört nicht in die Reichweite der Natur. Er ist bereits eine göttliche Dimension in uns.

Mit dem Verstand kann ich die Gegenwart Christi in der Eucharistie oder die Auferstehung der Toten nicht bestätigen.

Nur mit dem Glauben.

Der Glaube ist eine göttliche Kraft, die Gott in uns gelegt hat, so wie er sie wollte und wann er wollte.

Ich weiß, daß die sichtbare Wirklichkeit der unsichtbaren Wirklichkeit widerspricht, ich weiß, daß die irdischen Geschehnisse unverständlich sind und ständig mit der endzeitlichen Schau des Gottesreiches im Widerstreit liegen.

Aber ich weiß auch dies und habe es tausendmal erfahren: Immer, wenn ich „glaube", wenn ich aus ganzer Seele, ganzer Kraft dafür einstehe, daß das Wort Gottes ewig ist und daß seine Zusage sich erfüllen wird, dann wälze ich das Wirkliche um, überwinde meine Schwerkraft, die mich nach unten zieht, trete in eine Umlaufbahn des Lichtes ein, lebe in einer göttlichen Realität, verwirkliche das Reich Gottes in mir, besiege die Welt, die mich umgibt und mich ersticken will.

Wenn ich glaube, bin ich nicht mehr bloß ein Mensch, ich bin schon ein Kind Gottes.

Ich bin Kind eines Gottes, der der Herr des Universums ist. Ihm gehört ein Reich, das seine Bürger auf der Erde anwirbt und sie alsdann in eine andere, geheimnisvolle Wirklichkeit hinüberführt, die nicht mehr von dieser Welt ist.

Jesus sagte mit Vollmacht zu dem, der ihn fragte, ob er König sei: „Mein Reich ist nicht von dieser Welt" (Joh 18, 36).

Es ist schwer, sich diese Wahrheit zu merken. Das Sichtbare macht uns immer so vergeßlich für das Unsichtbare. „Diese Welt" richtet uns dermaßen ab, daß wir Mühe haben, uns vorzustellen, es gebe noch eine andere.

Vor so vielem stehen wir ratlos, ja bestürzt.

Wenn ein Kind stirbt, halten wir dem Unsichtbaren ein schmerzliches Warum entgegen.

Wenn alles vorüber ist – wir haben ein Haus gebaut, eine Familie gegründet, mit den Kindern gelebt, und nun sind wir alt und allein und sehen zu, wie alles Errungene zerfällt –, dann sind wir wiederum ratlos. Wir klammern uns an die Überreste und klügeln aus, wie wir unseren Aufenthalt auf Erden noch ein bißchen verlängern könnten. Wir ziehen überhaupt nicht in Betracht, daß die unsichtbare Wirklichkeit uns aufsaugen muß, um uns zu verwandeln und uns von der irdischen Wirklichkeit fortzuziehen.

Die Erde ist nicht ihr eigener Zweck. Das, was ich bis jetzt zu sehen bekam, ist nur ein Beginn. Was daraus wird, das werde ich später sehen.

Wäre die Erde Zweck an sich, so wäre sie unbegreiflich, geradezu feindlich.

Wäre sie Zweck an sich und ginge für uns Menschen unsere schmerzvolle Geschichte hier zu Ende, so würde ich nicht zögern, den auf die Liste der Verbrecher zu setzen, der diese Welt erfunden, gebaut und in Gang gesetzt hat.

Ihr entsetzt euch über einen Verkehrsunfall, der einem Menschen die Glieder zerbricht oder einem schönen Mädchen das Gesicht verunstaltet?

Geht doch in eine Irrenanstalt, da werdet ihr sehen, daß fast alles dasselbe wie ein Verkehrsunfall ist, bei dem sich die unbegreifliche Entstellung des Menschen endlos vervielfältigt.

Ihr regt euch auf, wenn eine Militärregierung mal in der Nacht einen im Wald erwischten Guerillakämpfer foltert? Warum regt ihr euch nicht ebenso über die Natur auf, die es fertigbringt, unheilbar Kranke monate- oder jahrelang zu Tode zu quälen?

Nein, keinerlei Begründungsversuch kann mich davon überzeugen, daß die Erde Zweck an sich sei und daß die Schöpfung mit unserem grauenvollen Menschenleben abgeschlossen sei.

Keine Logik kann mir klar machen, aus welchem Grund ich ohne meinen Willen in diesen ungeheuren

Wirrwarr der Geschichte hineingeraten bin, einem Schicksal in die Hände gespielt, das nichts ist als „Mühe und Arbeit“ (Ps 90, 11).

Alles, was mich umgibt, ist schrecklich unvollständig, unverständlich, vorläufig, schmerzlich, willkürlich. Würde ich es nicht als Teil eines Ganzen auffassen, als ersten Schritt, dem andere Schritte folgen, als Anlauf, der sich später erklären wird in einer Entwicklung, die über das, was ich sehe, hinausgehen wird: ich würde mich gezwungen sehen, Gott selbst vor Gericht zu ziehen, der die Dinge so schlecht gemacht hat, der eine Erde so voller Löcher geschaffen hat, daß Erdbeben schon einbegriffen sind, und wahnwitzige Himmel, die nicht anstehen, mit ihren tobenden Wettern die Hütten armer Fischer zu zerstören.

Angesichts der Wirklichkeit, all der meinen menschlichen Augen bloß sichtbaren Wirklichkeit, gibt es keine andere Wahl: entweder sie verfluchen als elendes Machwerk eines wahnsinnigen Schöpfers, oder sie als Geheimnis annehmen.

Der Geist Gottes, der in mir wohnt, heißt mich sie als Geheimnis annehmen.

Und er bezeugt es mir mit seiner Stimme, die immerfort in mir tönt.

Und ich bezeuge es meinen Brüdern und sage ihnen:

„Ja, Gott ist das Licht des Universums.“

Er ist das Licht, auch wenn das Meer im Sturm tobt.

Er ist das Licht, auch wenn ich leide und weine.

Er ist das Licht, auch wenn mein Haus einstürzt.

Er ist das Licht, auch wenn für mich die Stunde des Todes kommt.

Die Stunde des Todes wird mir alle Zusammenhänge erklären.

Dieser für mich Menschenkind unfaßbare Augenblick, wird für mich, Gottes Kind, licht werden.

Im Sterben werde ich das Warum des Lebens begreifen.

Wie ein vom Gewicht des ganzen Universums zusammengepreßtes Atom, von der alles Maß übersteigenden Wärme der Liebe ergriffen, werde ich aufgesprengt, eingelassen in die Ewigkeit Gottes.

Der Tod ist die Tür zur Auferstehung.

Der Tod ist der Eingang zur Fülle des Lebens.

Der Tod ist das größte Geheimnis, das sich enthüllen wird.

# 3 Mach mit mir, was du willst

Ich denke an den Tod.

Ich möchte ihn als Leben betrachten, als das für das Feuer nötige Holz,

als den Acker, darin der Schatz vergraben liegt,

als ein Buch, das man aufschlagen muß,

als einen Samen, der sich erschließen muß,

als Geheimnis, das ich erfahren muß,

als den Durchgang, den ich vollziehen muß.

Das treffende Wort, das sich für den Tod schickt, ist gerade das zuletzt genannte: „Durchgang". Er ist abgebildet im Durchgang der Israeliten durch das Rote Meer und in vollendeter Weise im „Durchgang", den Jesus mit seinem Exodus vollbrachte: in der Nacht der Auferstehung.

Der Tod ist die Schwelle vor dem Licht.

Er ist der Zustand der Erwartung.

Er ist der Glaube an Gott den Schöpfer.

Er ist die auf den Gott des Unmöglichen gesetzte Hoffnung.

Er ist die Liebe, die von uns verlangt wird, damit wir auf immer in der Liebe leben.

Wer uns das alles erklärt hat, wer es uns greifbar gemacht hat, das ist Jesus.

Jesus der erstgeborene Sohn.

Der erste Auferstandene.

Er, der siegreich durch den Tod hindurchgegangen

ist, wendet sich an uns: „Fürchtet euch nicht. Ich habe die Welt besiegt“ (Joh 16, 33).

Was sich in der Nacht der Auferstehung zugetragen hat, das geht seither jeden von uns persönlich an.

Es war wirklich der „Durchgang“ der ganzen Menschheit in Christus, der die Kirche beseelt und allen Erlösten vorangeht.

Das ist so überwältigend, was da geschehen ist, daß die Kirche im Gesang des „Exsultet“ sich wie toll vor Freude gebärdet.

Es ist doch auch wirklich zum Tollwerden, was wir da glauben: Einer ist vom Tode auferstanden. Auf der erloschenen Asche der Menschheit wird das Leben wieder entfacht, ein jäher Blitz durchzuckt die Finsternis.

Das bedeutet uns: Gott ist Gott, das Leben geht weiter, es gibt eine Erklärung für alle Dinge, auch für die völlig unbegreiflichen, die uns entsetzen.

Es bedeutet: Der Mensch ist ewig, und der Tod, der ihm erst soviel Angst eingejagt hat, der sein Dasein quälend bedrückt hat, der ist nun erklärt, begriffen, verstanden, besiegt.

Nun kann ich lachen, lachen über meine frühere Angst.

Seit ich Christus, den Auferstandenen gesehen habe, kann ich meinen Tod mit Zuversicht erwarten.

Auch ich werde auferstehen.

Wenn ich den Tod als „Durchgang“ auffasse, kann ich diesen Begriff auf das erweitern, was jeden Tag, jede Stunde, jeden Augenblick unserer geistigen und physischen Existenz an uns geschieht.

Gewöhnlich geben wir die Bezeichnung Tod nur

dem Augenblick unseres Hinscheidens, dem Ende unseres irdischen Lebens.

Aber die Wirklichkeit reicht tiefer und weiter, und ich meine, der Tod betrifft nicht nur unseren letzten Erdentag, sondern jeden unserer Tage.

Jeder Augenblick unseres Daseins enthält eine schmerzliche Todeswirklichkeit, aber auch – aufgrund der Auferstehung Jesu – eine wahre und wirkliche Sprengkraft: die Kraft der Auferstehung.

Die beiden Wirklichkeiten sind in uns verborgen, wie der Tod und die Auferstehung Jesu in uns verborgen sind.

„Allzeit tragen wir das Sterben Jesu an unserem Leibe umher, damit auch das Leben Jesu an unserem Leibe offenbar werde“ (2 Kor 4, 10).

Der Konflikt zwischen den beiden Wirklichkeiten ist der Durchgang zum Reich Gottes, von dem Jesu gesagt hat, es sei mitten unter uns (vgl. Luk 17, 21), und das sich entfaltet und wächst, bis es seine Fülle am Ende der Zeiten erlangt.

Dieser Durchgang ist auch der Überschritt vom Sichtbaren zum Unsichtbaren, die Grenze zwischen der Natur des Menschen und der Natur Gottes, die Frucht jeder guten Regung, der Wert jedes Opfers, die Bestätigung jeder Liebestat, das echte, langsame Werden zum Kind des Vaters.

Ja, das Zweigespann Tod – Leben, das von Jesu Tod und Auferstehung sein Siegel, seine Erklärung, seine Fülle, seinen Zugang zum Reich Gottes empfängt, ist sicher der Schlußstein der vielen Warum, die uns umstehen, und die richtige Lösung aller Widersprüche des menschlichen Herzens.

Tod und Leben bedeuten zusammengenommen, ja gerade in ihrem Zusammenprall, das Werden der

Dinge, die fortwährende Evolution der Schöpfung, die Sprünge von Stufe zu Stufe des Lebens, die aufstrahlenden Tage der Genesis, die Verfahrensweise Gottes, seine Kinder zu zeugen und ihnen die Erfahrung der Liebe zu übermitteln.

Unser irdisches Sterben ist die Geburt zu einer höheren Seinsweise, die wir als das göttliche Leben in uns verstehen.

Unser irdisches Sterben ist ein Heraustreten aus dem Schoß der Dinge und der Geschichte, es führt uns hinüber in die Beständigkeit des Reiches Gottes und in die volle Gemeinschaft mit Gott.

Wenn es sich so verhält, wie das Evangelium es uns zusagt und wie die Hoffnung, die in uns lebt, es uns bekräftigt, dann müssen wir unser Denken umpolen, müssen uns daran gewöhnen, die Dinge in ihrer Wirklichkeit wie umgestülpt zu sehen.

Die Erde ist das Zeichen des Himmels, nicht der Himmel das Zeichen der Erde.

Die Sonne ist das Zeichen Christ, nicht umgekehrt.

Alles, was ich sehe, ist Zeichen dessen, was ich nicht sehe, deutet es an, weist darauf hin.

Alles ist Zeichen einer unsichtbaren Wirklichkeit, die der sichtbaren Wirklichkeit weit überlegen ist.

Das, was kommen soll, ist mehr wert als das, was schon gekommen ist.

Morgen ist besser als heute.

Das, was ich habe, ist Zeichen dessen, was ich haben werde, und dies wird mehr sein; geradeso wie das Kind mehr ist als der Embryo, und wie die Reife mehr ist als die Unreife.

Ja, morgen ist besser als heute, und diese Gewißheit gibt mir der Glaube an Gott, der die Liebe ist.

Und die Liebe geht immer vorwärts, nicht rückwärts.

Die Liebe erschafft, sie zerstört nicht.

Die Liebe lebt, sie stirbt nicht.

Blicke ich auf das menschliche Leben, so muß ich mich daran gewöhnen, in allem das Zeichen jenes göttlichen Lebens zu sehen, das Christus mir übermittelt und das mir Nahrung ist, Tag um Tag.

Mein Vater und meine Mutter sind Zeichen himmlischer Vater- und Mutterschaft, mein Haus, darin ich als Kind gewohnt habe und das es heute nicht mehr gibt, das den Stürmen der Zeit nicht standhielt, ist Zeichen eines anderen Hauses, das nie wieder zerstört wird. Meine Brüder und Schwestern, mit denen ich zusammen lebte, sind Zeichen von vielen anderen Brüdern und Schwestern, die mit mir im ewigen Reich des Vaters leben werden.

Die Speise, die mich ernährt hat, das Feuer, das mich erwärmt hat, die heiteren Hügel, die meine Freude waren, sind Zeichen einer anderen Speise, eines anderen Feuers, anderer Hügel im himmlischen Reich.

Selbst die liturgische Versammlung, an der ich teilgenommen habe, selbst das eucharistische Brot, das ich mit so inniger Freude gegessen habe, sind lebendiges Zeichen einer anderen Versammlung, an der ich einst teilnehmen werde, und dann wird Gott selbst mein Leben sein.

Es ist schön, sich vorzustellen, daß alles und jedes ein Zeichen dieser unsichtbaren Welt ist, in die wir eingetaucht sind. Der Glaube läßt mich diese Welt des Unsichtbaren nach und nach entdecken, die Hoffnung macht sie mir lebendig, und die Liebe schenkt sie mir.

Alles ist Zeichen.

Wenn wir aber von Zeichen zu Zeichen immer höher steigen, gelangen wir zum Paradies, dessen Zeichen die Liebe ist oder die Heimat, das Haus.

Das Zuhause, wo alle einander lieben, ist das Paradies. Man nennt es auch Himmel, oder auch Reich Gottes.

Es ist immer dasselbe.

Es ist die tiefe Sehnsucht jedes Menschen auf dieser Erde.

Als ich in der Wüste von Tamanrasset oder von Beni Abbes lebte und auf den Pisten die mutigsten Hippies – die echten Hippies – vorüberziehen sah, da konnte ich an ihrem schleppenden Gang, an ihren müden Füßen die Jahre abschätzen, die sie seit ihrem Aufbruch von Zuhause unterwegs waren. Je mehr Zeit verstrich, desto gemächlicher wanderten sie, und desto mehr verlangte es sie ausgiebig bei uns in der Bruderschaft zu bleiben.

Sie hatten ihr Zuhause verlassen, das sie nicht liebten, ihre Welt, die sie verabscheuten, die Strukturen, in denen sie sich beklemmt fühlten, und waren auf die Suche gegangen – oft ohne es klar zu wissen oder zu wollen – nach einem anderen Zuhause, einer anderen Welt, einer anderen Struktur, die wiederum Abbild und Ausdruck der Suche nach einer Welt, einer Struktur, einem Zuhause wäre, dessen Entwurf tief in ihrem Innern eingezeichnet war.

Dieses Verlangen ist unausrottbar.

Es liegt in der Natur des Menschen, er sucht ein Zuhause – *das Haus*.

Er meint damit einen Ort, wo man auflebt, aufatmet, einander liebt, wo man Ruhe findet.

Wer wie ein Waisenkind nie ein wirkliches Zuhause

erleben durfte, der ist von schmerzlicher Sehnsucht umgetrieben.

Wer dagegen ein Zuhause, aber ein scheinbares, falsches Zuhause gehabt hat, ein liebloses, friedloses, ein Haus, darin man einander anschrie und übelwollte, der wird sein Leben lang das Gegenteil dessen suchen, was er erfahren mußte, und wird bis ans Ende ein kranker, verwundeter Mensch sein.

Wieviele Komplexe trägt der herum, der nicht geliebt wurde! Wieviele Ängste suchen den heim, der kein Zuhause hatte! Haus und Himmel bedeuten dasselbe, und niemand wird sich von diesem Unbewußten in seinem Leben losreißen können, weil sowohl das Haus wie der Himmel der Hinweis auf das erste und größte Gebot sind, das Gott uns ins Herz geschrieben hat.

Du suchst das Haus, weil du die Liebe suchst.

Du suchst den Himmel, weil du die Liebe suchst.

Die Liebe ist der Himmel, die Hölle ist das Nicht-Lieben.

Der Mensch kann nicht leben, ohne zu lieben, so wie er nicht leben kann, ohne zu atmen, ohne zu essen.

„Wer liebt, hat das Leben; wer nicht liebt, bleibt im Tode“ (vgl. 1 Joh 3, 14).

Darüber kann man sich nicht hinwegtäuschen, auch wenn man die Fahne der Gerechtigkeit aufzieht.

Nur die Liebe kann den Menschen ganz erfüllen.

Gott wird die Liebe als das Höchste erklären, er wird uns die Liebe selber sein.

Die Liebe ist das Leben des Menschen, seine Nahrung, seine Vollendung, seine Ekstase, seine Fülle. Ohne Liebe kann er nicht leben; man braucht nur die Gegenprobe zu machen, dann weiß man, was die Hölle ist.

Die Hölle ist das Nicht-Lieben, und wir haben auf dieser Erde schon den Beweis dafür.

Die Liebe hält alles in Spannung.

Alle Arten von Liebe, die wir in unserem Leben kennenlernen und auskosten – Nahrung, Freundschaft, Sex, Kultur, das Gute, die Gerechtigkeit, das Licht –, sind nur Stufen und Bruchstücke, sie bereiten, entfalten und läutern die ungeteilte, heilige Liebe, in der alle Art Liebe, alles, was wir lieben, versammelt ist: die Liebe Gottes, die unser ewiges Erbe sein wird, das verzehrende Feuer unseres Himmels.

Dann werden wir verstehen, warum wir geboren sind, warum Gott uns zum Leben gerufen hat.

In der Liebe findet sich die Erklärung von allem.

Die Bibel faßt dies so zusammen (Deut 6, 5ff):

*Höre, Israel:*
*Der Herr ist unser Gott, der Herr ist Einer!*

*Liebe den Herrn, deinen Gott,*
*mit deinem ganzen Herzen,*
*mit deiner ganzen Seele*
*und mit deiner ganzen Kraft.*

*Schreibe dir meine Worte ins Herz,*
*binde sie dir zum Zeichen auf deine Hand,*
*zum Zeichen auf deine Stirn,*
*schreibe sie auf die Pfosten deines Hauses*
*und in deine Tore.*

*Schärfe sie deinen Söhnen ein,*
*rede davon,*
*wann du in deinem Hause sitzest,*
*wann du auf dem Wege gehst,*
*wann du dich niederlegst*
*und wann du aufstehst.*

*Dieses ist das erste Gebot des Lebens,*
*das zweite ist diesem gleich:*
*Liebe deinen Nächsten wie dich selbst,*
*und du wirst das ewige Leben haben.*

Komm nur, mein Tod!
Komm, ich erwarte dich.
Nun machst du mir keine Angst mehr.
Ich betrachte dich nicht mehr als meinen Feind,
ich betrachte dich als meinen Bruder.
Ich schaue dir ins Gesicht.
Nun verstehe ich dich.
Und während du auf mich zukommst, sage ich zu dir – aber dabei denke ich an den, der dich in seiner starken Hand hält – : „Mach mit mir, was du willst."
Ich sage es dir aus tiefstem Grunde.
Ich sage es dir in Wahrheit.
Ich sage es dir in Liebe:
„Mach mit mir, was du willst."
Hilf mir, daß ich mich an diese äußerste Hingabe gewöhne,
an diese nie vollendbare Prüfung,
an diesen nie ausgereiften Kuß,
an diese nie ausgegebene Münze,
an dieses nie abgeschlossene Gespräch.
Übe mich nach und nach ein, indem du meinen Tod auf jeden Tag meines Lebens verteilst.
Setze ihn meinem Brot zu wie Asche oder Sand, damit ich „nicht vom Brot allein lebe" (vgl. Mt 4, 4).
Setze ihn mir ins Haus als „Mangel an etwas", damit ich mich nicht vom Sichtbaren umgarnen lasse.
Setze ihn mir als Unsicherheit in meine Sicher-

heiten, damit ich meine Zuversicht nur in dem suche, der das Absolute ist.

Setze ihn mir als Wink in meine festlichen Stunden, damit ich mich daran gewöhne, allein zu sein, wie in jenem Augenblick, in dem ich mit dir allein sein werde.

Als mein Vater zum Sterben kam, bat er mich, bei ihm zu sein. Er hatte Vertrauen zu mir und wir hatten uns gern. Gott gewährte mir die Gnade, die letzte Nacht mit meinem Vater zu verbringen.

Ich saß neben ihm, hielt ihm die Hand und fühlte am Druck seiner Finger, was er mir sagen wollte.

Es war, wie wenn er sich auf mich stützen wollte, aber er schaute immer nur vor sich hin.

Immer mehr war er allein.

Als er die Erde losließ und auf die Grenze des Unsichtbaren zuging, war er allein.

Niemand konnte ihm helfen.

Er war allein.

Ja, man stirbt wirklich allein.

Alle Hilfen versagen.

Man ist allein mit Gott.

Im Hinübergang kann nur die Hand Gottes dich an der Hand nehmen.

Ich hatte meine Hand zurückgezogen.

Nur zu Gott kann man sagen: „Mach mit mir, was du willst", weil er, da er Gott ist, der einzige ist, der unsere Hoffnung nicht enttäuschen kann.

# 4 Was du auch mit mir tun magst, ich danke dir

Was willst du aus mir machen, Herr?

Dein Geist hat es mir gesagt, er sagt es mir in meinem Innern immer wieder: „Ich will aus dir meinen Sohn machen.“

Ich habe dich aus dem Nichts gerufen, daß du mir ein Sohn seist.

Ich habe den ganzen Kosmos aufgewendet, um deinen Leib zu machen.

Ich habe meine göttliche Wirklichkeit abgezeichnet, um dir dein Bewußtsein zu machen.

Ich habe meine Liebe aufgeboten, um in dir zu wohnen.

Nun, da ich in dir wohne, sollst du mein sein und ich dein.

Mein, um immer mehr mein zu werden.

Mein, um dich für immer bei mir zu haben.

Mein, daß du wirst, wie ich es bin: frei.

Mein, um dich lieben zu lehren, wie ich liebe.

Doch warum, mein Gott, läßt du mich so lange warten, bis ich deinen Willen erfüllt sehe?

Warum hast du geologische Zeitalter aufgewendet, um mir einen Leib zu geben?

Warum so viele Jahrtausende, um mir Geschichte zu geben?

Warum ein ganzes Leben von Unreife, um aus mir

einen Schimmer wahren Lichtes zu holen, ein bißchen Liebe, nicht größer als ein Senfkorn?

Hättest du nicht ohne Verzug aus mir deinen Sohn machen können?

Und zwar einen Sohn, der zu lieben vermag?

Warum die Zeit?

Warum das Warten?

Warum die Gefahren einer so langen Reise?

Vielleicht wirst du mir nie sagen, wieso du unter den tausend und abertausend Möglichkeiten, die deiner Weisheit zur Verfügung standen, um aus mir deinen Sohn zu machen, gerade diese gewählt hast. Vielleicht willst du, daß wir das selber entdecken.

Du hast die Straße gewählt, die vom Chaos zur Harmonie führt,

von der Genesis zur Apokalypse,

von der Empfängnis zur Geburt, von der empfindungslosen Materie zu den Wundern des Bewußtseins,

von der Vorgeschichte zur Geschichte, von der menschlichen Liebe zur göttlichen Liebe.

Es ist der Weg der Evolution des Lebens.

Es ist der Weg der Erfahrung.

Es ist der Weg des Dialogs.

Es ist der Weg des Suchens.

Es ist der Weg des Glaubens.

Es ist der Weg der Hoffnung.

Es ist der Weg der Liebe.

Wenn ich über das nachdenke, was du in mir vorgehen läßt, dann merke ich deutlich, du willst mich nie zwingen.

Deine Art ist es, immer nur anzubieten, schweigend anzubieten, – in einem Schweigen, das keine Grenzen hat und bis zum Ende der Welt warten kann. Dein Schweigen ist so groß und dein Warten so unerschütterlich, daß man es leicht mit dem Tod verwechseln kann: dem Tod Gottes.

Aber es ist nicht so, ich weiß es.

Du bietest an, du schweigst, du wartest, um uns nicht Gewalt anzutun.

Du willst, daß wir dir entgegengehen, du willst, daß wir frei sind.

Denn das ist es: du willst uns zur Freiheit führen.

Die einzige Versuchung für Gott, die wir uns vorstellen können, ist, daß er seine Macht spielen läßt. Aber gerade in diese Gefahr willst du dich nicht begeben.

Im Gegenteil!

Du erschaffst, und dann verbirgst du deine Schöpfung so gut, daß die Geschöpfe den Eindruck haben, sie hätten sich selbst geschaffen.

Du rufst dein Volk zum Heil, du läßt es die Wüste durchwandern, nährst es mit Manna, stillst ihm den Durst mit dem Wasser aus dem Felsen, wirfst die Mauern von Jericho nieder, du läßt dein Volk das Gelobte Land erobern, und wenn alles getan ist, meinen sie, sie könnten dich bei der nächstbesten Gelegenheit mit irgendeinem Götzen auswechseln, sie beten den an und vergessen dich.

Aber du mit deiner göttlichen List weißt wie keiner, dich zu verstecken.

Dein Prophet Jesaja nannte dich gerne den „verborgenen Gott“ (Jes 45, 15).

Du verbirgst dich in der Schöpfung.

Du verbirgst dich in der Geschichte.

Du verbirgst dich in der Inkarnation.

Du verbirgst dich in der Eucharistie.

Du verbirgst dich in unserem Innern.

Und willst, daß wir dich entdecken – auf eigene Faust. Wann es uns gelegen kommt.

Wann wir das Bedürfnis danach haben.

Meist ist es das Bedürfnis, das uns treibt, dich zu suchen.

Das Bedürfnis nach dem Absoluten, dem Ewigen, dem Licht, nach der Freiheit, nach der Liebe.

Besonders dann suchen wir dich, wenn wir uns in unsere Widersprüchlichkeiten verrannt haben, nicht mehr aus und ein wissen und es satt haben, uns mit Scheinlösungen zu beschwichtigen.

Aber auch da verbirgst du dein Handeln und läßt uns in der Meinung, wir selbst seien die treibende Kraft unseres Suchens.

Ich glaube, der Grund ist immer derselbe: du willst uns nicht Gewalt antun.

Du willst keine Vernunftehe, willst unsere Freiheit nicht verletzen.

Und wenn wir uns aufmachen zu dir und auf demselben Weg laufen, den du uns seit je bereitet hast, fühlen wir uns vollkommen frei.

Wir merken es nicht einmal, daß wir die Füße genau in die Spuren setzen, die du uns gelassen hast, daß wir zu dir finden.

Wieviel Zeit braucht es, bis wir begreifen, daß du das Sein und das Wollen, die Inspiration und die Verwirklichung, der Entwurf und die Geschichte bist.

In der Dunkelheit des Glaubens habe ich es entdeckt.

Von ihm eingehüllt habe ich den Ort aufgespürt, wo du dem Menschen in Freiheit begegnest, den göttlichen Bereich, wo du ihn zum Sohn machst, ohne ihn durch deine Macht zu nötigen, ohne ihn durch zuviel Licht zu erschrecken.

„Herr, wie wunderbar ist auf der ganzen Erde dein Name“ (Ps 8, 2.10).

Und wie hoch sind deine Gedanken über unseren Gedanken! (Nach Jes 55, 9.)

Der Weg, den Gott gewählt hat, uns zu seinen Kindern zu machen, uns also zur Kommunikation und Liebe fähig zu machen, ist der Weg der Evolution, der Weg der Erfahrung, des Suchens, des Dialogs, der Weg der Geschichte.

Folglich ist es der Weg der Freiheit.

Ohne Freiheit gäbe es kein Suchen, ohne Freiheit gäbe es keinen Dialog, ohne Freiheit gäbe es keine Liebe.

Alles wäre vorgezeichnet, bezweckt, entschieden.

Alles bekäme den fatalen Sinn einer chemischen Verbindung oder erschiene wie eine langweilige folkloristische Kundgebung eines totalitären Staates.

Gott hat ganz entschieden einen anderen Geschmack, und wenn er die Erde als Ort der Begegnung zwischen ihm und uns gewählt hat, so hat er sie berufen, Ort der Begegnung zu sein

zwischen dem Chaos und der Harmonie
zwischen Licht und Finsternis
zwischen Leben und Tod
zwischen Haß und Liebe
zwischen Himmel und Erde.

In diesem Spielfeld von Gegensätzen arbeitet der Mensch frei an seinem Heil.

Er baut die Kultur auf, schafft die menschliche Gesellschaft.

Er verwirklicht seinen Entwurf.

Aber beim Aufbau der Kultur, beim Schaffen der Gesellschaft, im Verwirklichen des Entwurfs gehen seine Hände mit den Händen des Schöpfers zusammen. Seine Pflugschar furcht die Erde, die auch die Erde Gottes ist, und als Menschenkind wie als Gotteskind hat er dieselbe Gestalt.

Wie schwierig ist es, die beiden Abstammungen zu unterscheiden!

Wer begreift das Geheimnis dieses Bundes?

Bist du am Werk, Gott, oder sind wir es?

Ist es unsere Arbeit, die das Korn zur Ernte bringt, oder ist es das Geheimnis deines Willens?

Bis wohin reicht dein Handeln und wo fängt das unsere an?

Der eine sagt: „Alles kommt von Gott", der andere erwidert: „Alles kommt vom Menschen."

Im Grund ist es dasselbe.

Sogar der Entwurf scheint derselbe zu sein, und es ist nicht schwer, das herauszufinden.

Ein Mensch mit reinem und schlichtem Herzen braucht bloß ein Vogelnest oder einen Biberbau zu betrachten, um die Inspiration des ganzen Entwurfs zu verstehen.

Auch uns rührt der Anblick eines Schwalbennests, und wir wüßten kein besseres Symbol zu finden für jenes Reich, das du uns in der Fülle der Zeit beschrieben hast und auf das wir zugehen, seit du uns auf den Weg gebracht hast.

Ein Nest, eine Höhle, ein Haus, eine Liebe, etwas Beständiges, eine Erfahrung des Friedens, ein Zusammensein, einander Gernhaben, Zusammenhalten, weltumspannende Brüderlichkeit.

Was könnte da für ein Unterschied sein zwischen dem, was du uns empfiehlst, und dem, was wir empfinden?

Scheint es nicht dasselbe zu sein? Die Gleichnisse vom Reich Gottes haben in uns einen so tiefen Widerhall, daß wir sie nicht anders als in Freude und Wahrheit annehmen können.

Sie könnten von einem von uns geschrieben sein.

Aber ist der erste Entwurf von dir oder von uns?

Erschaffst du uns für dich, oder erfinden wir dich in unserem Durst nach dir?

Hast du uns das Vaterunser eingesagt, oder ist es die Zusammenfassung des in uns geborenen Betens?

So sehr deckt sich das alles, daß viele der Auffassung sind, wir würden dich erfunden haben, selbst wenn es dich nicht gäbe.

Wir wissen nie, ob dein Angebot uns zuvor ist oder ob es ganz zufällig in uns entstanden ist.

Ob du es gewünscht hast, unser Vater zu sein, oder ob wir es gewünscht haben, deine Söhne und Töchter zu sein.

Ob du uns die Liebe anbietest oder ob wir darauf kommen, lieben zu wollen.

Ja, der Gott des Glaubens,
der Gott der Schöpfung,
der Gott der Kirche,
der Gott der Menschen,
es ist immer derselbe.

Unsere Schritte treten in die Fußstapfen, die du uns zurückgelassen hast.

Wenn ich dich definieren müßte, hätte ich nur dies zu sagen: „Du bist der, der mir zuvor war."

Aber wo die Dinge sich verwickeln – oder besser: sich klären – das ist im Tun.

Bei der Anwendung des Ideals auf das Reale bemerken wir den Bruch.

Wir erträumen eine Sache und machen eine andere.

Wir wollen das Gute und tun das Böse.

Wir reden von Liebe und hassen.

Wo Licht ist, bringen wir Finsternis.

Wo Freude ist, säen wir Traurigkeit.

Was ist das für ein Unheil mit dem Bau der Stadt auf Erden!

Ein wahrer Turmbau von Babel!

Und das zu allen Zeiten!

Wir müssen zugeben, daß wir den frei gewählten Weg so ziemlich in verkehrter Richtung gehen.

Statt daß wir eine freie und heitere Stadt bauen, gleich dem Schwalbennest, errichten wir eine Spelunke von Dieben.

Hier stirbt einer Hungers, dort stirbt einer an Völlerei.

Hier stirbt einer vor Langeweile, dort stirbt einer vor Überarbeitung.

Wie ist das alles möglich?

Was ist unsere Geschichte anderes, als eine Geschichte von Egoismus, Unterdrückung, von Gewalt und Sünde?

Wenn man es recht bedenkt, kann man den Mut verlieren; man wird vollends ratlos, wenn man sich klar macht, daß all das Böse nicht einer fernen Vergangenheit angehört, sondern unserer heutigen Zeit, in der wir – die wir uns für so aufgeklärt halten – leben und handeln.

Hat es je eine Epoche gegeben, die schlimmer als die unsere war, die ein so gespenstisches Bild von

Kriegen, Völkermord, Folter, Vernichtungslagern, Hungerstod dargeboten hat?

Welch ein Leichengestank in dieser unserer wohlanständigen und technisch hochentwickelten Gesellschaft!

Da gibt es wahrlich keinen Anlaß, stolz zu sein, stehen wir doch alle vor unseren eigenen Widersprüchlichkeiten.

Aber läßt uns die Entdeckung unserer Widersprüchlichkeiten nicht noch mehr entdecken?

Wenn wir vorher beim Entwurf nicht auseinanderzuhalten vermochten, was von uns und was von Gott war – jetzt, in unseren Widersprüchlichkeiten, sind wir da immer noch im Zweifel darüber?

Oder sind wir jetzt endlich gezwungen, zu unterscheiden, was von Gott und was von uns ist?

Ja, jetzt finden wir Gott in seiner Unterschiedenheit von unseren Schändlichkeiten, er richtet sich vor uns auf, stellt sich uns entgegen mit seiner Heilsbotschaft.

Wenn wir in Sünde verstrickt sind, entdecken wir Gott wieder in der Tiefe, wenn wir den Abgrund des Bösen berühren, gewahren wir Gottes Nähe.

In unserer Schwäche fühlen wir, wie sehr wir nach ihm verlangen.

Wenn der verlorene Sohn – der in jedem von uns steckt – vor seinem Aufbruch von zu Hause seinen Vater nicht gut gekannt haben mag: bei seiner Heimkehr und in seinem heruntergekommenen Zustand wird er begreifen, wer der Vater ist, und wird alle Voraussetzungen haben, ihn in dem unendlichen Geschenk seiner nun offenbarten Barmherzigkeit zu entdecken.

Ich glaube, daß Gott sich dem Menschen nie besser offenbart als im Abgrund des menschlichen Elends.

Gerade in Babylon entdeckt Israel seinen Gott wieder, und in der furchtbaren Verlassenheit und Finsternis gewinnt es die wahre Hoffnung.

Die Hoffnung, die den kleinen „Rest“ leiten wird und ihn vorbereiten wird, in die messianische Zeit einzutreten.

Und die messianische Zeit ist auch für uns immer vor der Tür, denn wir sind nicht anders als Israel.

Vielmehr müssen wir sagen, daß jeder von uns Israel ist.

Und wie Israel das wahre Geheimnis Gottes in der eigenen Schwäche entdeckt hat, so werden auch wir es auf diesem Weg entdecken.

Der Weg, den wir in der irdischen Stadt zurücklegen müssen, um sie dem Entwurf der himmlischen Stadt, den wir in uns tragen, möglichst ähnlich zu machen, wird uns unser wahres Gesicht enthüllen, wird gleichsam die Probe unserer Reife oder Unreife sein, der Ansporn, immer Besseres zu erarbeiten, der Ruf zur Wahrheit und vor allem anderen das Verlangen, tief in unserem menschlichen Mysterium die Quelle jenes göttlichen Lebens zu finden, die allein fähig ist, das Unmögliche auf dieser Erde zu verwirklichen: ein Leben der Liebe unter freien Menschen.

Ist das eine Utopie?

Sicher ist es eine Utopie.

All das, was Gott dem Menschen vorschlägt, ist so groß, daß es als Utopie einzustufen ist.

„Seid vollkommen, wie euer Vater im Himmel vollkommen ist“ (Mt 5, 48).

Utopie!

„Liebt einander, wie ich euch geliebt habe, so sollt auch ihr einander lieben“ (Jo 13, 34).

Utopie!

„Richtet nicht“ (Lk 6, 37).

Utopie!

„Segnet die, die euch fluchen“ (Lk 6, 28).

Utopie!

Es ist die Utopie der Liebe.

Und indem wir diese noch nie in uns verwirklichte Utopie zu leben suchen, wird es uns gelingen, die zwei großen Unbekannten zu erkennen: Gott und den Menschen.

Sie zusammenzusehen, nach dem ewigen Entwurf Gottes: einen als den Vater, den anderen als den Sohn.

# 5 Zu allem bin ich bereit, alles nehme ich an

Wenn ich das Thema der Schöpfung in einer Zeichnung darstellen sollte, wenn ich angeben sollte, welches der Schlüssel zu dem Geheimnis ist, in dem wir leben, zu der Finsternis, von der wir umfangen und umhüllt sind, dann müßte ich nicht lange überlegen. Ich würde einen Mutterschoß zeichnen, der ein Kind, einen Embryo, umschließt.

Inmitten des Universums die Zärtlichkeit eines Mutterschoßes, die Wirklichkeit eines gestaltsuchenden Geschöpfs, das Geheimnis eines von der Liebe befruchteten Lebens, das in sich das Antlitz dessen, der es erzeugt, nachbildet: das veranschaulicht auf ungewöhnlich treffende Weise, was an jedem von uns geschieht, die wir von Gott gezeugt werden.

Der ganze Kosmos ist nichts anderes als ein unermeßlicher „göttlicher Bereich“ für unsere Geburt zu Kindern Gottes.

Die Geschichte ist nichts anderes als eine Folge von Episoden, die unmittelbar den Menschen angehen: eingebunden in Zeit und Raum rückt er langsam vor zur Ausgangstür der Dinge, hervor aus den Wassern.

Der Tag der Geburt eines jeden von uns deckt sich mit dem Tag, an dem er nicht mehr eingeschnürt und abhängig von den Dingen, endgültig aus ihnen heraustritt und eingeht in das, was Jesus als das Reich Gottes bezeichnet hat.

Hier in der Zeitlichkeit ist alles ein Schoß, darin das Leben ausgetragen wird, alles ist Hülle, alles ist Werden, alles ist vorläufig im Hinblick auf das Reich, das schon in uns ist, aber noch nicht zur Vollendung gelangt ist.

Es ist dunkel hier – eben wie in einem Schoß, und es ist ein leidvolles Dasein, weil es ein Austragen ist, weil es Unreife ist.

Gott erschafft uns auf solche Weise. Er berührt und nährt uns mit den Dingen, er prägt uns durch die Ereignisse, er verwirklicht uns in der Geschichte, wie die Mutter ihr Kind mit ihrer Milch berührt und nährt und es mit ihrer Liebe erwärmt.

Das Schwierige an diesem Geschäft ist, daß zwei hineinverwickelt sind, daß nicht nur einer am Werk ist. Das ist es, was wir oft lange nicht begreifen.

Wie die Mutter und das Kind zusammengehören, so Gott und der Mensch.

Auch wenn man oft ein Einziges zu sehen meint, sind es in Wirklichkeit zwei: so eng sind sie verbunden.

Früher oder später sagt der eine zum anderen: Du.

Die Entdeckung des Du, des anderen, geschieht im Glauben.

Im Glauben erfährt man die göttliche Person, die uns zeugt, und noch ehe wir sehen, beginnen wir schon zu rufen: Lieber Vater!

Aber es ist eine lange Geschichte.

Mag einer jahrelang Ausschau halten, nachdenken, ohne ein Wort.

Und dann, ganz unvermutet, man weiß nicht wie, im Schweigen der Nacht oder auf einer in der Sonne gleißenden Straße hält er inne und sagt: Lieber Vater.

Und lächelt.

Darin liegt alles.

Wem es gelingt, in Wahrheit und Liebe „Lieber Vater“ zu sagen, der darf annehmen, daß er das Kap der göttlichen Zeugung umsegelt hat.

*Allen aber, die ihn aufnahmen, gab er Macht, Kinder Gottes zu werden.*

*Denn nicht aus Fleisch und Blut, sondern aus Gott sind sie geboren* (vgl. Joh 1, 12.13).

Jener Tag ist ein großer Tag, und ich stelle mir vor, daß er früher oder später für jeden kommen wird, nicht weil wir mehr oder weniger tugendhaft sind; sondern weil Gott, der unsere Münder geschaffen hat, es schließlich auch fertigbringt, ihnen das Wort „Lieber Vater“ zu entlocken, und auch weil sein liebevoller Wille uns ständig mit Macht beredet und bestürmt.

Das Austragen eines Kindes dauert neun Monate. Unser Heranreifen zu Kindern Gottes dauert das ganze Menschenleben.

Im mütterlichen Schoß hat das Kind wenig Spielraum, im Schoß Gottes ist der Raum unermeßlich.

Doch wenn es auch weit umherlaufen und vieles unternehmen kann, bleibt es „drinnen“, und darum kann es noch nicht das Antlitz dessen sehen, der es zeugt.

„In ihm leben wir, bewegen wir uns und sind wir“ (Apg 17, 28), aber wir sehen nicht.

Wenn wir hinaustreten werden ins Freie, werden wir ihn von Angesicht zu Angesicht sehen, wie die Hl. Schrift sagt.

Noch hüllt Gott uns ein, und die Dunkelheit seines Handelns heißt Glauben, der Ansporn, uns zu verwirklichen, heißt Hoffnung, und die Liebe, die alles lenkt, heißt Menschenfreundlichkeit Gottes.

Die Schwierigkeit für uns ist, daß wir nicht vergessen, Gott ist es, der uns umhüllt.

Schwierig ist es in der Tat, weil alles im Schweigen vor sich geht, und das Schweigen macht uns Angst.

Wir wollten, er würde zu uns sprechen: „Da bin ich", oder er würde seine Gegenwart unter Donnerschlägen und Blitzen enthüllen.

Wenn er es manchmal getan hat, wie das Buch Exodus berichtet, dann deswegen, weil die Menschheit noch im Kindesalter war, und man mußte sie nehmen, wie sie war.

Aber er zieht das Schweigen vor.

Heute schweigt er, weil dies besser zu der weiter vorangeschrittenen Reife der Menschen stimmt.

Das Schweigen Gottes ist das Zeichen deiner Reife im Glauben. Wenn es dir Angst macht, bist du doch noch nicht so ganz aus den Kinderschuhen heraus.

Kinder fürchten sich vor der Stille und vor der Dunkelheit, aber an beides müssen sie sich gewöhnen.

Die Dinge Gottes brauchen nicht Worte.

*Die Himmel erzählen die Herrlichkeit Gottes,*
*das Firmament verkündet das Werk seiner Hände.*
*Der Tag gibt das Wort an den Tag weiter,*
*die Nacht vermeldet der Nacht ihre Kunde.*
*Da ist keine Sprache, kein Wort,*
*unhörbar bleibt ihre Stimme.*
*Doch in alle Welt ertönt ihr Ruf,*
*ihre Botschaft bis an die Enden der Erde* (Ps 19, 2–5).

Die Dinge sind es, die reden, die Himmel sind es, die erzählen, wenn sie auch keine Worte brauchen.

Gott aber kommt im Schweigen.

Darum halte ich wenig von Erscheinungen der Muttergottes, vor allem wenn aufsehenerregende Zeichen auf ihre Anwesenheit aufmerksam machen.

Lieber bete ich zur Muttergottes in der Eintönigkeit des Rosenkranzes und mit geschlossenen Augen, im Dunkel der Hoffnung.

Ich fürchte die Illusionen.

Ich will keine Empfindsamkeit in meiner Beziehung zum Unsichtbaren.

Ich weiß, daß der Weg des Glaubens, der Hoffnung und der Liebe anders verläuft als der Weg der Illusionen: in die entgegengesetzte Richtung.

Er geht auf das Schweigen Gottes zu.

Zur Nacktheit des Kreuzes hin.

Durch die Transparenz der Nacht.

Er ist wie das Licht. Im Kosmos, außerhalb der Atmosphäre ist es dunkel.

Aber nichts ist leuchtender als diese reine Dunkelheit.

Eine weit verbreitete Schwierigkeit für das spirituelle Leben der Menschen von heute ist der Übergang vom Lärm zur Stille, vom Infantilismus zur Reife im Glauben, von üppigen Andachtsformen zum armen eucharistischen Brot, von der Selbstbeschauung zur Nächstenliebe, von der Sentimentalität zur harten Realität und Not auf den Straßen der Großstädte.

Allzuviele Christen, an die der rauhe und mannhafte Ruf der Entmythologisierung und Säkularisierung ergeht, sind buchstäblich vor den Kopf gestoßen.

Sie waren dermaßen an ihre barocke Frömmigkeit gewöhnt, daß sie sich verloren fühlen, wenn der liturgische Kalender ein wenig nüchterner aussieht.

Wo war ihr Gott?

Wohin ist er verschwunden, wenn der stürmische Vikar die Statue des hl. Georg mit dem Drachen in die Rumpelkammer gesteckt hat?

Aber noch ernster ist die Krise im Gebet.

„Ich empfinde nichts mehr!"

„Ich sehe nichts mehr!"

Das kommt, weil die Christen daran gewöhnt waren, zu fühlen... zu sehen, weil ihre Religiosität auf Empfindelei und Wundersucht gebaut war.

Und die Wallfahrtskirchen waren dafür da, diese Sorte von Religiosität zu fördern.

Seit nun die moderne Welt, die Technik, die gesellschaftliche Kommunikation den Mythos zerstört, manche Infantilismen entlarvt, die Naturgesetze durchschaut haben, stürzt alles ein, alles löst sich auf.

Ich habe den Glauben verloren, höre ich dich sagen.

Was war denn das für ein Glaube?

Es mag schon Glaube gewesen sein, jedoch mit einem hohen Prozentsatz Aberglauben versetzt.

Nimm den Anteil Aberglauben weg, und es bleibt dir ein so rachitischer Glaube, daß er sich nicht auf den Beinen halten kann.

Wer wirklich glaubt, braucht nicht zu empfinden: er glaubt.

Wer einen reifen Glauben hat, braucht nicht zu sehen; er glaubt.

Der Glaube nährt sich vom Schweigen, nicht vom Lärm.

Von Kontemplation, nicht von Mirakeln.

Vom Wort Gottes, nicht von Aberglauben.

Dann werde ich also nichts mehr von Gott empfinden? Werde ich auf den Blitz der Apokalypse warten müssen, der das Dunkel zerreißt?

Hör zu, ich sage dir, was du fühlen und sehen sollst!

Du sollst die Geschöpfe, alle die Geschöpfe, fühlen und sehen.

Warum regst du dich auf über einen Tautropfen, der an den Wimpern einer gemalten Madonna erschienen ist, und siehst nicht die vielen Tautropfen an einem Frühlingsmorgen?

Warum machst du soviel Aufhebens wegen einer kaum merklichen Bewegung, die man an irgendeiner Statue wahrgenommen haben will, und bist nicht mehr fähig, außer dir vor Staunen die gewaltige Bewegung der Sterne zu betrachten?

Warum legst du viele Kilometer zurück, um die zweifelhaften Wundmale auf der Hand eines Menschen zu besehen, und magst nicht nähertreten, um die wunden Hände der Armen anzuschauen?

Fange an, Gott in den Geschöpfen zu empfinden.

Entdecke seine Schönheit in der Schönheit der Sonne, die über deinem Erdentag aufgeht.

Entdecke seine Stimme in der Stimme des Bruders, der dir über den Weg kommt und mit Dir Gemeinschaft sucht.

Verlier keine Zeit mehr, Gott in deiner Phantasie zu suchen.

Wenn du so weit bist, daß du die Fähigkeit der Biene, ihren Hauseingang zu finden, als etwas Wunderbares ansiehst, dann wirst du fühlen, daß Gott dir und deinem Schweigen nahe ist.

Und versuche zu singen.

Für den Himmel, den du uns gibst, Alleluja!

Für die Sonne, die du uns gibst, Alleluja!

Für das Meer, das du uns gibst, Alleluja!

Für die Freunde, die du uns gibst, Alleluja!

Ja, Alleluja, auch wenn der Himmel manchmal stürmisch ist,

Alleluja, auch wenn die Sonne manchmal brennt,

Alleluja, auch wenn die Freunde mich manchmal vergessen.

Alles ist Gnade,

Alles ist Gott, der mich liebt,

Alles ist Gott, der mich anrührt,

Alles ist Gott, der mich zu seinem Sohn macht.

Wir könnten unser irdisches Leben als „Leben zu zweien" bezeichnen.

Wir sind nie allein, wenn wir in Gott leben.

Wir sind nie allein, wenn Gott sich uns mitteilt.

Wir sind nie allein, wenn er uns für sein Reich erzieht.

Die Gewohnheit, seine Gegenwart in uns zu spüren, ist große Reife.

Die Einrichtung eines lebendigen Verkehrs mit ihm durch das Gebet ist ein friedvolles Glück.

Die Hinnahme seiner Ratschlüsse ist echte Weisheit.

Doch diese Reife zu erwerben, diese Weisheit sich zu eigen zu machen, ist nicht leicht.

Zwei Versuchungen zerren an uns, aus entgegengesetzter Richtung: entweder daß wir, von Gottes absoluter Immanenz ergriffen, uns der Untätigkeit hingeben und sagen: „Er wird es schon machen", oder daß wir, von Selbstsicherheit besessen, uns in die Tätigkeit stürzen, ohne an sein stilles Wirken zu denken.

Es gab eine Epoche, in der die erste Versuchung stärker war.

Heute ist die zweite stärker.

Der Mensch von heute fühlt sich mehr als früher allein, wenn er handelt.

Er hat sogar die Idee der „Unvollendeten" ersonnen, nämlich daß Gott mit der Schöpfung beim Auftreten des Menschen innehielt und daß seitdem der Mensch an der Reihe ist, die von Gott skizzierte Symphonie fertigzukomponieren.

Die Idee ist schön und mag bei vielen dazu gut sein, ihr Verantwortungsgefühl zu schärfen, aber sie ist auch mißverständlich und sicher nicht geeignet, die Dinge zu klären.

Ich gehe lieber von einem Satz Jesu aus:

„Mein Vater wirkt noch immer und auch ich wirke" (Joh 5, 17). Dieses Wort des Evangeliums zieht einen Strich unter alle Diskussionen, alte und neue, antike und moderne über das lebendige Verhältnis Gott – Mensch, Kontemplation – Aktion, und hält uns den Irrtum vom Leib.

Wenn Jesus sagt: „Mein Vater wirkt und auch ich wirke", dann sagt er eben nicht, daß er alleingeblieben sei, um die Symphonie seines Lebens zu vollenden.

Er sagt vielmehr an anderer Stelle: „Der, der mich gesandt hat, ist mit mir. Er hat mich nicht allein gelassen, weil ich allezeit tue, was ihm wohlgefällig ist" (Joh 8, 29).

Der Vater ist nie abwesend im Leben Jesu, und Jesus sagt und tut nie etwas Entscheidendes, ohne sich zuvor an den Vater zu wenden.

Der Mensch von heute ist seiner so sicher, so gesättigt von seinem Wissen, daß er im Ernst meint, er sei im Begriff, die „Unvollendete" zu Ende zu führen.

Nachdem er ein paar Fortschritte in der Entdeckung der Natur der Dinge gemacht hat, hält er die Zeit für gekommen, sich einzig und allein verantwortlich für den Kosmos zu fühlen.

Er interpretiert das Schweigen Gottes – als ob es erst seit heute wäre – als den Tod Gottes, oder als Gottes absolute Zurückgezogenheit, so daß es nutzlos wäre, zu rufen, zu schreien, zu beten. Gott hat beschlossen, der Mensch möge sich selber aus der Affäre ziehen.

Eine falschere und für den Glauben gefährlichere Auslegung kann es gar nicht geben.

Es wäre die Austilgung des Gebets,

die Abschaffung des Dialogs zwischen Gott und Mensch.

Es würde die Erde auf etwas sehr Kümmerliches herunterbringen. Vergessen wir nicht: „Wir nehmen Gott nicht wahr, wenn er handelt, aber wir erschauern, wenn er schweigt."

Aber kehren wir zum Menschen zurück in seiner Beziehung zu Gott und in seiner Beziehung zu den Dingen, die er durch seine Arbeit herzustellen, durch das Gute zu erfüllen und durch das tagtägliche Leben zu entfalten hat.

Jesus sagt: „Mein Vater wirkt noch immer und auch ich wirke" und hebt damit die beiden Pole klar hervor. Da ist er und da ist der Vater; da ist der Mensch und da ist Gott.

Beide wirken zusammen.

Im Leben Jesu bleibt der Vater immer gegenwärtig. Jesus versteckt ihn nicht, vergißt ihn nicht, hat ihn immer vor Augen; er flieht nicht vor ihm, er sucht ihn.

„Ich bin nicht allein, weil der Vater mit mir ist" (Joh 16, 32).

„Vater, ich danke dir, daß du mich erhört hast. Ich wußte ja, daß du mich allezeit erhörst, aber wegen des ringsum stehenden Volkes habe ich es gesagt“ (Joh 11, 41f).

Man braucht nur das Johannesevangelium durchzulesen: es ist ein ununterbrochenes, geradliniges, erstaunliches Zeugnis für dieses Leben inniger Verbundenheit, Beziehung, Hoffnung, Gemeinschaft, des Austauschs und der Liebe zwischen Jesus und dem Vater.

Sollte es denn anders sein bei uns, bei jedem von uns? Ist Jesus denn nicht der vollkommene Mensch, das einzige Vorbild, der Erste?

Wie es bei Jesus zuging, so geht es bei jedem von uns zu, denn er ist der Erstgeborene, und die Liebe des Vaters hat beschlossen, daß alle Menschen durch Adoption die gleiche Natur erhalten wie der Erstgeborene. Sie werden vollberechtigte Brüder, die unermeßlichen Scharen von Erlösten, für die er sein Leben hingegeben hat, um einen solchen Liebesplan Wirklichkeit werden zu lassen.

Ja, wie Jesus.

Und wie Jesus in Beziehung zum Vater steht, sollen auch wir Gemeinschaft halten mit Gott.

Wie Jesus mit dem Vater spricht, sollen auch wir mit dem Vater sprechen.

Die Pole der Liebe, des Gesprächs sind zwei und müssen zwei bleiben.

Die Sünde besteht darin, daß einer der beiden Pole ausgeschaltet wird.

Wenn ich den Menschen aus der Wirklichkeit streiche, wenn ich meine, alles werde von Gott gemacht, täusche ich mich, aber ich täusche mich auch, wenn ich Gott wegstreiche und meine, ich allein sei am Werk.

Und was die Beziehung zwischen Gott und dem

Menschen angeht, so seien wir uns immer im klaren, daß es sich nicht um eine Beziehung zwischen Wolken oder Begriffen handelt.

Es handelt sich um Personen.

Ich bin Person und Gott ist Person.

Der christliche „Personalismus", der sein Urbild in der Dreifaltigkeit Gottes hat, hielt mich immer davon ab, meinen Glauben in etwas Atmosphärisches, Haltloses verschwimmen zu lassen.

Je mehr ich versucht habe, zu einer Vertrautheit mit Gott zu gelangen, desto mehr habe ich in Gott die Person verspürt.

Der Vater ist eine von Jesus verschiedene Person, und wenn Jesus sagt: „Mein Vater wirkt noch immer und auch ich wirke", sagt er etwas sehr Klares, das für mich die Quelle von so viel Licht ist.

Hat denn Abraham nicht einer Person zugehört, als er die Stimme vernahm: „Geh aus deinem Lande" (Gen 12, 1)? Und hat denn Moses nicht einer Person die Gegenwart Gottes im brennenden Dornbusch zugeschrieben? Wer sonst konnte ihm sagen: „Streife deine Schuhe von deinen Füßen!" (Ex 3, 5)

# 6 Wenn nur dein Wille sich an mir erfüllt und an allen deinen Geschöpfen

Gott hat dem Menschen auf den langen Weg seiner Entwicklung eine Weisung mitgegeben, die nicht einfacher sein könnte.

In der Erwartung des Reiches Gottes fange du an, es aufzubauen.

In der Erwartung, mein Kind zu werden, verhalte du dich als Vater.

In der Erwartung der Gerechtigkeit und des Friedens, schaffe du Gerechtigkeit und Frieden.

In der Erwartung dessen, was du zu bekommen wünscht, gib das gleiche deinen Brüdern.

Willst du ein Paradies der Liebe? so mache aus der Erde ein Paradies.

Willst du Vergebung, so vergib.

Willst du den Hunger gestillt bekommen, so stille den anderen den Hunger.

Willst du befreit werden, so befreie die anderen.

Die Erde wird also für den Menschen zum Experimentierfeld seiner Wünsche, zur Ausgestaltung dessen, was ihm am Herzen liegt, zur Erprobung im Sichtbaren, im Vorgriff auf das, was er vom Unsichtbaren erahnt.

Unerachtet der Widersprüchlichkeiten, die von seiner Schwäche und mehr noch von seiner Unwissenheit herrühren, setzt der Mensch all sein Verlangen nach Gerechtigkeit und nach dem Guten ein für die Errichtung der Stadt Gottes auf Erden.

Trotz aller Irrungen wird er ständig von der Idee des Reiches Gottes vorangetrieben.

Wenn er auch nur im geringsten vorankommt, wird er den Mut haben, seinen Werken auf die Stirn zu schreiben, was er mit ihnen gewollt hat: das Ideal, das ihn beseelt.

Und wenn er sich geirrt hat, werden seine Kinder dort wiedereinsetzen, wo sein Fehler lag, und ihn zu korrigieren suchen.

Jede Generation glaubt von vorn zu beginnen, besonders, wenn sie aus einer Katastrophen- oder Kriegszeit hervorgeht.

Jeder optimistische Revolutionär drängt einen Schritt voran mit glänzenden Augen, die seine Überzeugung etwa so ausdrücken: „Jetzt versuche *ich's* einmal, ihr werdet schauen!"

Und es geht wieder von vorne an.

Aber nicht alles ist verloren.

Was an Echtem bleibt, ist die Liebe.

Was indes nicht immer echt ist, das ist die Institution.

Im Entwicklungsgang der Völker, bei den mühevollen Versuchen, ihre Ideale und Programme stabil zu halten, ist die Institution der notwendige, oder genauer: der unerläßliche „Behälter" ihrer Verwirklichungen.

Die Institution wird zum Haus, Kolleg, Seminar, um Menschen zu bilden, zum Gesetz, um die Beziehungen zu regeln, zur Gewohnheit, Tradition, Kultur, zum Rathaus, zum Staat, zur Pfarrei, Diözese, zum Gemeindehaus.

Doch während die Liebe nie altert, ist das bei der Institution nicht ausgeschlossen, und dann kommt es leider vor, daß sie das Gelände besetzt hält, wiewohl sie unnütz geworden ist und nur noch stört.

Das Seminar-Institut befindet sich noch in der Straße Soundso, Nummer Soundso, aber es ist leer.

Das Gesetz Nummer Soundso steht noch im Kapitel Soundso des Gesetzbuches, aber es ist zu nichts mehr nütze, weil die Gebräuche sich geändert haben.

Ich versuche das an einem Beispiel zu erläutern:

Wir befinden uns in... und es ist der 13. Dezember 1974. In zwölf Tagen ist Weihnachten, und diese Stadt pflegt eine besondere Verehrung zu Jesus in der Krippe. Zwei Pilger kommen an: Marie Madeleine, Französin, 28 Jahre, Sozialassistentin, und Sendey, Kanadier, 25 Jahre, Soziologe. Sie sind auf dem Weg nach Rom, zu Fuß, und hoffen rechtzeitig an Weihnachten zur Eröffnung des Heiligen Jahres dortzusein.

Sie haben kein Geld in der Tasche; sie wollen die Reise im Geist der Armut machen und wollen erfahren, was passiert, wenn man arm ist.

Nachdem sie in der Kirche des Ortes gebetet haben, suchen sie Unterkunft für die Nacht.

Sie haben alle Konvente und Institute abgelaufen. Es ist Nacht geworden und sie haben nichts gefunden.

„Geschlossen – geschlossen – geschlossen – fragt dort nebenan – geht dort hinauf – versucht es dort unten.“

Enttäuscht verlassen die beiden die Stadt. Draußen auf einer Wiese sehen sie einen Wohnwagen stehen. Zwei Norweger auf Reisen, Protestanten. Unter Fremden versteht man sich, und schließlich wird der Wohnwagen, eng genug, zum nächtlichen Unterschlupf für vier Körper in der kalten Nacht.

Eine erschreckende Feststellung: ein vergammelter Wohnwagen bringt es besser fertig, Gastlichkeit zu üben, als ein großes anonymes Institut, wo die Liebe fehlt.

Da gibt es noch das „du", aber in dem stattlichen Konvent, in dem riesigen Gebäude ist das „du" ausgetilgt. An seiner Stelle gibt es die Hausglocke, die Pforte, die Regel, den sicheren Frieden, die perfekte Ordnung.

Die Institution hat die Oberhand bekommen.

Der Mensch wird erdrückt oder auf die Straße gesetzt. Der Arme weiß nicht mehr, wohin er sich wenden soll. In der Institution ist keiner, der an ihn denkt.

Jesus ist es ebenso ergangen.

Die Institution Tempel war zu großmächtig, um ihn zu beherbergen.

Später war sie zu schwerhörig, um ihn zu verstehen. Zuletzt war sie imstande, ihn zu töten, um ihn loszuwerden.

Aber die Geschichte ist noch nicht zu Ende, weil die Menschen von gestern nicht schlechter waren als wir und weil wir sicher nicht besser sind als sie.

Von Adam bis zum letzten Menschen, der auf dieser Erde leben wird, bleibt sich das gleich.

Es wird immer Türen geben, die sich öffnen, und Türen, die sich schließen.

Es wird immer Menschen geben wie der gute Samariter und andere wie der reiche Prasser.

Es wird immer solche wie Gamaliel geben, die andere zu retten suchen, und solche wie Kaiphas, die einen Grund suchen, den Gerechten zu töten.

Früher dachte ich, das, was im Alten Bund vorgekommen ist, könne im Neuen Bund nicht mehr geschehen, und die Missetaten im Schatten des Tempels könnten sich in der von Jesus gegründeten Kirche nicht wiederholen.

Das war ein kolossaler Irrtum, der mir das Verständnis des Wirklichen lange verbaut hat.

Nein, meine Lieben!

Ein Stück jenes Tempels steckt in jedem von uns, ich meine, in uns als Kirche, ein Mauerbrocken jener Institutionen besetzt noch einen Teil unseres Herzens.

Jesus hat aus seiner Kirche nicht eine Kirche der Heiligen gemacht, sondern ließ sie eine Kirche der Sünder bleiben.

Allerdings hat er diesen Sündern größere Verantwortlichkeit gegeben, brachte er sie doch dem großen Licht Gottes näher, das mit dem Kommen Jesu auf der Erde strahlend aufgegangen ist.

Aber der Mensch ist Mensch geblieben, mit all seiner unermeßlichen Liebesfähigkeit und auch mit seinem Vermögen, zur Liebe neinzusagen.

Und die Kirche ist die Kirche geblieben mit ihrem überreichen Schatz an Heiligkeit und auch mit all ihrer Schwäche und Hinfälligkeit.

Tempel und Evangelium werden bis zum Ende der Zeiten jeweils die Möglichkeit sein zu heldenhaftem und wahrhaft göttlichem Tun und zugleich zu Anstoß und Ärgernis.

Ein Pilger kann in Rom am selben Tag Erbauung und Ärgernis erleben, je nachdem, wer ihm über den Weg kommt. Und der, der Ärgernis gibt, könnten gerade wir sein.

Gleichwohl, das Heil liegt immer im Evangelium.

Was zählt, ist das Evangelium.

Wenn die Institution mich bedrückt, wenn ich das Gefühl habe, mein Reden und Verhalten sei unecht geworden, dann muß ich nur schnell im Evangelium die Befreiung, den Antrieb, die Unmittelbarkeit zu gewinnen suchen.

Ich kann die Institution nicht abschütteln. Sie ist mir unentbehrlich, aber ich muß sie gesundschrumpfen lassen, damit sie dem Menschen dient, nicht er ihr.

Die Institution ist wie die Waffenrüstung, die Saul dem David anlegen will.

Nun ist es an David, zu entscheiden, ob sie ihm nützlich ist oder ob er sich besser mit einer leichten Schleuder begnügen sollte.

Im Evangelium kannst du immer Rat holen, ob jetzt die Rüstung nötig ist, oder ob jetzt die Schleuder genügt.

Aber hierzu muß ich noch ein klares Wort sagen, glaube ich. Es gilt für den, der sich zur Schleuder Davids entschieden hat, da er in einem reichlichen Maß an Bewegungsfreiheit die beste Methode für den Kampf des Geistes zu finden glaubte.

Manch einer ist dahin gekommen, daß er sich frei fühlt von dem Tage an, an dem er seine Beziehungen zur Kirche gelöst hat. Andere haben die Empfindung, sie hätten erst richtig zu leben angefangen, seit sie ihr Verhältnis zu Gott in die Vergangenheit verwiesen haben und sich aufmachten, dem Menschen zu dienen, ohne sich an die Tradition gebunden zu halten.

Aber solche Schnitte durchzuführen ist gar nicht nötig, schon weil sie uns von der Wahrheit trennen.

Die Kirche bleibt die Kirche und Gott bleibt Gott.

David bleibt Sohn seines Volkes und Gott ist die Kraft seiner Schleuder.

Was bin ich außerhalb des Volkes Gottes, und welche Kraft bleibt mir, wenn der Glaube an den Allerhöchsten dahin ist?

Die Kirche wehrt es mir nicht, das Evangelium wirklich zu leben, und die Bindung an Gott habe ich gerade dann nötig, wenn ich mich entschlossen habe, etwas Ernsthaftes zu unternehmen.

Ich weiß, in der Vergangenheit war Religion allzuoft gleichbedeutend mit: „Haltet Ruhe, tanzen wir nicht aus der Reihe. Nur keine Streiks, nur nichts riskieren"; aber ich weiß auch, daß die Dinge sich geändert haben und daß das Wort Gottes uns heute stellt und ausfragt über die Gerechtigkeit und Liebe, mehr als über Prozessionen und über den Bau prunkvoller Kirchen.

Warum die Kirche aufgeben, ausgerechnet jetzt, wo ich anfange, mich als Kirche zu fühlen?

Warum die göttliche Inspiration aufgeben, ausgerechnet jetzt, wo ich sie am meisten brauche?

Warum meinen, daß Gott uns widerstreitet, gerade während wir uns mit mehr Einsatzbereitschaft dem Menschen widmen?

Ist Gott etwa nicht auf der Seite des Menschen?

Ist nicht er sein Anwalt?

Lest das Evangelium nach Mattäus und sagt mir, ob ihr euch härtere Worte denken könnt als die im 25. Kapitel zur Verteidigung der Gerechtigkeit und zur Befreiung des Menschen?

Eigentlich könnte der Kommunismus längst gemerkt haben, welch ein Irrtum es war, Religion kurzhin als Opium für das Volk zu bezeichnen; und ich denke, daß in der Welt von morgen die entschlossensten Verteidiger des Menschen aus den Reihen derer kommen werden, die noch fähig sind, sich auf das Evangelium als Text des Lebens zu beziehen.

Noch ein Wort an den, der der Aktion den Vorzug gibt und das Gebet als Entfremdung oder Zeitverlust scheut.

Die Aktion ist in erster Linie Gehorsam. „Im Schweiße deines Angesichtes wirst du dein Brot essen" (Gen 3, 19).

Sie ist Berufung: „Der Herr hat mich gesandt, den Armen die Frohbotschaft zu bringen" (Jes 61, 1).

Sie ist eine Leidenschaft zum Guten: „Als er die Volksscharen sah, wurde er von Mitleid mit ihnen ergriffen. Denn sie waren erschöpft und hingestreckt wie Schafe, die keinen Hirten haben" (Mt 9, 36).

So ist die Tätigkeit begründet.

Gott hat uns geheißen, tätig zu sein, und so ist ein Widerstreit zwischen Aktion und Kontemplation ohne jeden Sinn.

Der Mensch schafft, handelt, arbeitet, verändert, gestaltet, um dem Willen Gottes zu gehorchen, nicht um ihm zu widersprechen.

Das Geheimnis liegt in der Beziehung.

Es ist eine vitale Beziehung.

Es ist eine Beziehung, in der Gott mir gegenwärtig wird.

Es ist eine Beziehung der Kommunikation.

Ja, ich handle, weil Gott es mir geboten hat.

Er hat es mir in der Genesis geboten, als er mich anwies, die Erde zu bebauen und zu ordnen.

Er hat es mir auf dem Sinai geboten, als er mir ein

Gesetz gab, Gerechtigkeit zu üben. Er hat es mir im Evangelium geboten, als er mich zur Aktion Gottes verpflichtete: zur Liebe.

Arbeit, Gerechtigkeit, Liebe sind die drei Stufen der Verpflichtung und die drei Möglichkeiten, die dem Menschen gegeben sind, um die menschliche Gesellschaft als Stadt Gottes zu errichten, als konkretes Zeichen und unmittelbare Vorbereitung der himmlischen Stadt, die ihre Erfüllung sein wird, wenn der Finger der göttlichen Verwandlung sie berührt: „Ich mache alles neu“ (Apok 21, 5).

Aber ob ich nun in schlichter Arbeit mein Feld bestelle, pflüge und Saat ausstreue, ob ich Recht spreche an einem Gerichtshof oder ob ich ein Spital für Leprakranke eröffne: nie bin ich allein in meinem Tun. Gott ist mit mir, wie Jesus sagt: „Der Vater hat mich nicht alleingelassen“ (Joh 8, 16).

Gott ist mit mir als Inspiration.

Gott ist mit mir als Gnade.

Gott ist mit mir als Trost.

Gott ist mit mir als Licht.

Gott ist mit mir als Charisma.

Gott ist mit mir als Vorwurf.

Und seine Gegenwart ist nicht theoretisch.

Seine Gegenwart ist nicht nebelhaft.

Seine Gegenwart ist nicht unfruchtbar.

Seine Gegenwart ist personal, ist vital, ist befruchtend.

Es ist die Gegenwart des Schöpfers.

Über diese Gegenwart muß ich nachdenken.

Daran entscheidet sich der Glaube allezeit: von Adam zu Jesus, von Jesus zu uns her.

„Der Vater ist in mir und ich in ihm.“

Als Person.

Person sein bedeutet sehen, wissen, lieben, wollen, es bedeutet: sich mitteilen.

Kann da noch ein Zweifel sein für unseren Glauben, wenn das „Wort" seit je in dieser Richtung ergeht?

Liegt denn nicht hier das Geheimnis verborgen in den biblischen Jahrtausenden, das uns von den Propheten übermittelt und von Christus bestätigt wurde?

Sagt denn nicht Jahwe zu David: „Ich will ihm Vater sein und er soll mir Sohn sein?" (2 Sam 7, 14) und zu Salomon: „Ich gebe dir ein weises und einsichtiges Herz... Und auch, was du nicht erbeten hast, gebe ich dir: auch Reichtum, auch Ehre" (1 Kön 3, 12f.)?

Und ist es denn nicht Gott, der zu dem weinenden Hiskija, als er sterbenskrank war, sagte: „Ich habe dein Gebet gehört und deine Tränen gesehen. Sieh, ich heile dich, am dritten Tag wirst du zum Haus des Herrn hinaufgehen" (2 Kön 20, 5)?

Und sagt nicht Jesaja, um auszudrücken, wie er seine Berufung erfahren hat:

*„Jahwe berief mich vom Mutterleib, vom Mutterschoß an nannte er meinen Namen. Er machte meinen Mund zu einem scharfen Schwert und hielt mich fest im Schatten seiner Hand; er machte mich zu einem glatten Pfeil, in seinem Köcher barg er mich. Und er sprach zu mir: Mein Knecht bist du, durch den ich mich verherrlichen will* (Jes 49, 1–3).

Würde man aus der Bibel und insbesondere aus dem Evangelium diese Seinsweise, diese personale Beziehung zwischen Gott und dem Menschen entfernen, so verließe man die Tradition, den Sinn der Schrift.

Und auch die Gotteserfahrung.

Je näher du ihm kommst in der Kontemplation,

desto mehr entdeckst du ihn als den, der hinter deinem Handeln steht, deine Berufung lebendig hält, deine Verkündigung inspiriert, der dir dein Charisma gibt.

Je mehr du betest, desto größer erscheint dir der Abstand zwischen dir und ihm, und das bedeutet, daß die Unterscheidung zwischen dir als Person und ihm als Person immer klarer wird.

Je tiefer du ins Schweigen eindringst, desto mehr fühlst du das „Wort" dir innewohnen.

Je inniger du mit den Geschöpfen umgehst durch die Harmonie der Liebe, desto mehr entdeckst du Gott anwesend und unterschieden durch das Geheimnis seiner Transzendenz. Das Du wird das Wort, das wie kein anderes nahe und erprobt ist.

Die Notwendigkeit, diesem „Du" Raum zu geben, ist eine ständige Forderung des Lebens.

# 7 So ersehne ich weiter nichts, mein Gott

„Du“, was ist das für ein erstaunliches Wort!

„Du“, welch unverwechselbares Zeichen der Mitteilung.

Wenn ich es ausspreche, trete ich aus meiner Einsamkeit und Isolierung heraus.

Das „Du“ verweist mich auf den Bruder, den Freund, die Braut, den Vater.

Wenn es mich auf Gott verweist, ist des Austauschs kein Ende mehr.

Die Fähigkeit, im Geist und in der Wahrheit zu Gott selbst Du zu sagen, kann das Antlitz der Erde verwandeln: sicher aber verwandelt sie mein Leben.

Das „Du“ ist die Seele des Gebets.

*Gott, mein Gott, dich suche ich,*
*meine Seele dürstet nach dir.*
*Nach dir verlangt mein Leib*
*gleich einer trockenen Wüste,*
*gleich einem dürren Land ohne Wasser* (Ps 63).

Es ist das Zeichen des Anderen

*Ich schaue den Himmel, das Werk deiner Finger,*
*den Mond und die Sterne, die du geschaffen.*
*Was ist der Mensch, daß du seiner gedenkst?*
*Des Menschen Sohn, daß du dich um ihn sorgst?* (Ps 8)

Es ist der Ruf zum Vertrauen.

*Alle Wesen warten auf dich,*
*daß du ihnen Speise gibst zur rechten Zeit.*
*Du spendest ihnen, und sie sammeln es ein,*
*du öffnest deine Hand, und sie werden gesättigt mit Gutem*
(Ps 104).

Der Gesprächsfaden.

*Ich bin verirrt wie ein Lamm, das verlorenging,*
*suche heim deinen Knecht, denn nicht vergessen habe ich deine Gebote* (Ps 119).

Die zu Wort gekommene Erfahrung von Gottes Nähe.

*Gehen will ich den Pfad deiner Ordnung,*
*denn du hast weit gemacht mein Herz.*
*Schenke mir Einsicht, daß ich dein Gesetz bewahre*
(Ps 119).

Wir werden nie definieren können, was das Gebet ist.

Die Worte genügen uns nicht.

Keinem Heiligen ist es gelungen.

Das Gebet übersteigt alle Definitionen so sehr, daß immer Raum bleibt für sein Geheimnis.

Ja, Beten ist ein Geheimnis.

Beten ist Umgang halten mit dem Geheimnis, das Gott ist.

Versucht es selbst, und ihr werdet sehen, daß es euch bei aller Geschicklichkeit nicht gelingen wird, euere Gebetserfahrung in Worte einzufangen.

Aber etwas davon wird euch sicher definierbar erscheinen: daß es eine Beziehung zwischen zwei Personen ist.

Wenn ihr betet, erfahrt ihr euch vor einem Anderen.
Mag sein, daß du den Anderen in dir drinnen fühlst.
Mag sein, daß du ihn draußen fühlst.
Mag sein, daß du dich umfangen fühlst.
Mag sein, daß du dich sehr fern von ihm fühlst.
Mag sein, daß du ihn als Schweigen erfährst,
als Abwesenheit,
als Dürre,
als Finsternis oder als Licht
oder als Freude oder als Fülle
oder als Vorwurf.

Unserer Gotteserfahrung ist keine Grenze gesetzt.

Er ist der immer Neue, und ich habe den Eindruck, daß er sich in der Weise, wie er sich uns nähert, nie wiederholt.

Wenn ich ihn unter einem Olivenbaum erwartet habe, kam er unter einer Eiche,

wenn ich ihn in der Kirche erwartet habe, kam er in der Stadt,

wenn ich ihn in der Freude gesucht habe, kam er zu mir in meiner Traurigkeit,

wenn ich ihn nicht mehr erwartet habe, fand ich ihn vor mir stehen und auf mich warten.

Gott hat mich immer überrascht, und seine Zeit war nie die meine.

Wenn ich verraten soll, wie ich mich ins Beten einstimme – immer gelingt es mir nicht –, so zitiere ich euch den 131. Psalm, der einer der schönsten ist und mit dem ich mich immer im Einklang gefühlt habe.

*Herr, nicht sinnet Hoffart mein Herz,*
*nicht erheben sich stolz meine Augen.*
*Nach großen Dingen jage ich nicht,*
*nach Dingen, die mir zu hoch sind.*

*Schweigen lehrte ich meine Seele,*
*und ich schaffte ihr Frieden.*
*Wie ein Kind auf dem Schoß der Mutter,*
*wie ein Kind, so ruht meine Seele in mir.*

Ja, wie ein Kind, und wie sehr Kind, eher noch ein Embryo, unfähig, lange Reden zu halten, wenn nicht gar unfähig zu sprechen.

Ist es euch nicht schon aufgefallen, daß ihr beim Beten eigentlich nicht wißt, was ihr sagen sollt?

Nun, das ist das richtige Gebet.

Wenn man ganz deutlich empfindet, daß man die Sprache Gottes nicht kennt und kaum ein paar Silben stammeln kann, um gleich wieder ins Schweigen zu verfallen: das ist die wahre Erfahrung des Gebets.

Natürlich ist dieser Embryo, dieses Kindlein noch umschlungen vom Fleisch Adams und trägt auf seinem Gesicht die Maske des alten Menschen.

Dieser freilich, der redet – redet fast zuviel –, so daß Jesus sagt: „Wenn ihr betet, plappert nicht wie die Heiden. Sie meinen erhört zu werden, wenn sie viele Worte machen" (Mt 6, 7). Aber was so einer sagt, ist nicht Gebet, es ist ein bißchen Klatsch; oft auch nur Bildungsaufwand, oder noch öfter: eine Entladung von Angst.

Aber das kleine Kind, das Kindlein Gottes, das in jedem von uns ist und darauf wartet, zum vollgültigen Sohn des Vaters geboren zu werden, das spricht wenig, wenn es betet, eben weil es nicht weiß wie.

Statt zu reden, ist es einfach „da", „schläft", „läßt geschehen", „spürt, daß es von Gott eingehüllt ist", hat „Vertrauen".

Wenn überhaupt, dann betet in ihm die Liebe selbst, die sein Werden begleitet, der Geist das Vaters, der in ihm wohnt und es daran gewöhnt, dann und wann zu sagen: „Mein Vater und mein Gott."

Doch vieler Worte bedarf es nicht. Es bedarf hingegen des Wortes Gottes, und mit ihm können wir immer beten, auch wenn wir von uns aus nichts zu sagen wissen.

Auf was es ankommt, ist, sich von ihm formen zu lassen,

der das *Leben* ist und das Leben gibt,
der Licht ist und sich zu erkennen gibt,
der Liebe ist und Lieben lehrt.

Das wahre Gebet, das bleibt und das zählt, ist die Kontemplation, und diese ist passiv. Gott selbst prägt sie seinem Kind auf, damit es seinen Vater erkennen kann und sich daran gewöhnt, ihn zu lieben, wie es das höchste Gebot will:

„Liebe deinen Gott mit deinem ganzen Herzen, mit deiner ganzen Seele, mit deiner ganzen Kraft, mit allem, was du bist."

Jetzt werdet ihr vielleicht verstehen, warum ich soviel Nachdruck auf den göttlichen Sachverhalt legte, daß Gott uns zu „Söhnen und Töchtern" macht.

Söhne und Töchter, nicht Bilder,
Söhne und Töchter, nicht Libellen,
Söhne und Töchter, nicht Statuen,
Söhne und Töchter, nicht irgendwelche Geschöpfe.

Auf diese Realität der Kindschaft gründet sich das Betenkönnen, die Möglichkeit, etwas mitzuteilen von der Freude der Liebe.

Wenn ich nicht Gottes Kind wäre, hätte das Gebet keinen Sinn und erst recht keinen Grund.

Wenn das Gebet Kommunikation mit Gott ist,

dann ist das nur möglich, wenn Gott von der gleichen Natur ist wie ich.

Der Himmel hat für mich einen Sinn, wenn ich dort bei meinem Vater wohnen werde, nicht bei einem Wesen, das ich nicht kenne und nie erkennen werde und das ganz andere Neigungen hat als ich, eine unverständliche Sprache, ein Gesicht, das ich nie zu sehen bekomme.

Ich weiß, daß Gott der Unerforschliche ist, aber er ist es für mich als „Mensch", nicht für mich als „seinen Sohn".

Seine Unerkennbarkeit wird für mich Erkenntnis nicht in meinem Menschenverstand, sondern in meinem Vermögen, das er mir gegeben hat: sein Sohn zu sein.

In der Liebe, die er an mich wendet, um mich zu seinem Sohn heranzubilden, verleiht er mir die Fähigkeit, ihn als Vater zu erkennen.

Wenn Gott sich mir in der Liebe offenbart, schenkt er mir sich selbst und gibt sich mir auf persönliche Weise zu erkennen.

Das nenne ich Kontemplation, die eine echte und saftvolle und personale Erkenntnis Gottes ist.

Doch, das sage ich, weil ich sagen kann: „Ich glaube an Gott, weil ich ihn kenne."

Der alte Mensch, der in mir ist, glaubt an Gott per Analogie, mit Hilfe der Natur, der Vernunft, der Symbole; aber das „Kindlein" Gottes, das in mir wie eine Knospe ist und sich entwickelt, das glaubt an Gott, weil es ihn kennt.

Und es kennt ihn, weil er sich zu erkennen gibt. Aber nicht im Fleisch und Blut, sondern in seinem göttlichen Leben, das er ihm durch seine Liebe einflößt.

Das ist meine Stärke.

Und auf diese Stärke setze ich meine Hoffnung.
Und auf diese unerhörte Wirklichkeit setze ich die Karte meines ganzen Lebens.

Noch ein Letztes.

Wenn ich im Glauben sage: Gott ist mein Vater, so werfe ich ein göttliches Licht auf ein anderes großes Geheimnis: das Geheimnis des Bewußtseins, das auch unser Gewissen ist.

Was für eine sublime Sache ist doch das Bewußtsein!

Welch eine Wirklichkeit in uns!

Dieses hinfällige Wesen, das der Mensch ist: welch königliche Würde wohnt in ihm!

Ich denke an das Bewußtsein als den Ort, wo Abraham dem Herrn begegnete,

als das Eichtal, wo David seine Kiesel auflas, um Goliat zu schlagen,

als den Horeb von Elias,

als das kleine Gemach in Nazaret, wo Maria die Verkündigung empfing,

als die Wüste und als den Ölbaumgarten Jesu.

Das Bewußtsein ist der göttliche Bereich des Menschen, es ist seine Möglichkeit, Gott zu begegnen,

es ist das Hören auf sein Wort,

es ist der Schmelztiegel, darin der Glaube Leben wird, die Hoffnung reift, die Liebe sich verwirklicht.

Um den Leib des Menschen zu machen, hat Gott die Sterne und die Blumen abgebildet, doch um mein Bewußtsein, mein Gewissen, zu machen, hat er sich selbst abgebildet in dem Punkt, wo die göttlichen Personen sich in der Liebe treffen.

Für mich, Sohn des Menschen, ist das Bewußtsein – das Gewissen – die Lampe für meine Schritte,

für mich, Sohn Gottes, ist es das Haus, wo der Vater mich in die Arme schließt und zu mir sagt: „Du bist mein Kind.“

Wenn ich eintrete, ziehe ich die Schuhe von den Füßen, weil ich in der Gegenwart Gottes bin.

Wenn ich darin verweile, spüre ich den Atem meines Vaters, der mich sucht.

Das Bewußtsein ist das Meisterwerk der Schöpfung Gottes,

es ist der Boden, auf dem er uns begegnet,

es ist unsere Vertrautheit mit ihm,

Es ist der Ort, wo die Wahrheit einbricht, wo man den Willen Gottes sucht, wo man lieben lernt.

Dort im Bewußtsein, im Gewissen, findet sich alles ein, was mich auf Gott verweist, und dort findet meine Entscheidung statt.

Auch die Entscheidung, an die Unfehlbarkeit der Kirche zu glauben, treffe ich im Gewissen.

Ohne den Bezug auf das Gewissen gibt es für mich kein moralisches Handeln, das Gottes würdig oder um seinetwillen getan wäre.

Ich glaube an das Gewissen, und ich wollte, daß die Christen die allzusehr an die Bequemlichkeit, sich von den Menschen führen zu lassen, gewöhnt sind, in allem Ernst damit anfingen, sich von ihm führen zu lassen, was bedeutet, sich von Gott führen zu lassen.

Und machen wir endlich Schluß damit, uns hinter falsche Bedenken zu verkriechen: eine solche Führung könne gefährlich sein, weil sie – nicht erleuchtet genug – sich irren kann.

Auch wenn diese Gefahr besteht, wir müssen es mit ihr aufnehmen, andernfalls geraten wir in eine viel ernstere Gefahr, nämlich das Leben lang mit einem Phantom oder mit einem Idol zu sprechen, statt mit Gott.

Und seid nur beruhigt.

Wenn ich glaube, daß Gott mein Vater ist, schlage ich mir eine Menge Befürchtungen aus dem Kopf und setze mein Vertrauen auf seine Liebe und darauf, daß es ihm ein Leichtes ist, mir sein Denken und Wollen mitzuteilen.

Eine noch unerwachsene Kirche mag das Bedürfnis gehabt haben, die Gewissen der Gläubigen zu gängeln, aber eine mündige Kirche kann nur vor Freude singen über die wunderbare Möglichkeit des Menschen, unmittelbar mit Gott zu sprechen.

Und dieser Mensch ist mit seinen Brüdern und Schwestern die Kirche selbst.

# Zweiter Teil

## Wenn Gott mein Vater ist, bin ich sein Sohn

# 8 In deine Hände lege ich meine Seele

Gott hat sich in Jesus arm gemacht, um mir zu begegnen, und seine Armut wurde das Zeichen seiner Liebe zu mir.

Es gab für ihn keinen anderen Weg, glaubhaft zu werden.

Die Liebe hat ihre schrecklichen Forderungen, und sie zu befriedigen, reichen Worte nicht aus.

Wer liebt, muß sich dem Geliebten ähnlich machen, sonst wird dieser an ihm vorbeigehen, ohne ihn zu verstehen, und das bedeutet: ohne ihn zu lieben.

Zu jemand Sympathie haben heißt, mit ihm etwas von ihm zu „erleiden".

Das ist nicht leicht, aber einen anderen Weg gibt es nicht, und eben darum ist es schwer, zu lieben.

Könnt ihr euch einen Ehemann vorstellen, der behauptet, seine Frau zu lieben, sie aber ein dürftiges Leben fristen läßt, während er im Reichtum lebt, sie sich abschinden läßt, während er es sich bequem macht, sie weinen läßt, während er lacht?

Wie kann einer behaupten, er liebe seinen Bruder, wenn der Hunger leidet, und er ist satt, wenn der nackt ist, und er ist gut angezogen, wenn der im Gefängnis sitzt, und er ist frei.

Heißt das nicht, beim Spiel mogeln?

Ist es da nicht besser, gerade heraus zu sagen: „Ich liebe dich nicht" oder „Ich habe nicht die Kraft, dich zu lieben" oder, was noch leichter und zugleich wahrhaftiger ist: „Ich würde dich gerne lieben, aber ich bringe es nicht fertig."

Die Erde läuft über von Liebesworten, ist aber, fürchte ich, fast ganz leer von wahrer Liebe.

Welches Tier könnte das: seinesgleichen hereinlegen unter der Maske der Liebe.

Die wilden Tiere, selbst die blutrünstigsten Raubtiere, sind friedliche Lämmer im Vergleich mit dem Menschen und seiner abgefeimten Falschheit in den Beziehungen... der Liebe.

Geht in ein Freudenhaus – und es gibt auch derartiges an ehrbaren Orten, in gutbürgerlichen Häusern – und seht euch an, bis zu welchem Punkt eine Frau heruntergebracht werden kann: versklavt, unter Druck gesetzt, in Besitz genommen von einem, der sie verführen darf, nur weil er stark oder reich oder mächtig ist, und der ihr wohl gar die geläufige Leier ins Ohr flüstert: „Ich liebe dich."

Geht und zählt in Vietnam alle die Einschlaglöcher, die von riesigen Bomben aufgerissen wurden im Namen der Völkerliebe.

Arme Liebe des Menschen!

Gott ist aufrichtiger, und wenn er sagt, er liebe den Menschen, dann geht er bis zum Grund, und um ihn zu lieben, inkarniert er sich, und um dem Menschen zu gleichen, macht er sich arm.

Die Armut Gottes ist Gottes Weise, zu lieben.

Es gibt indes einen Unterschied zwischen der Armut Gottes und der des Menschen.

Die Armut Gottes ist frei gewählt, die Armut des Menschen ist seine unabdingbare Verfaßtheit, seine Natur, seine Wirklichkeit.

Der Mensch kann seiner Armut nicht entfliehen.

Der Mensch ist der „Arme“.

Eine beschränkte, materialistische Auffassung von Armut hat lange Zeit die Armut als einen physischen Zustand, einen Mangel an Brot, Kleidung, Behausung vorgestellt.

Der Arme als Bettler.

Doch so stehen die Dinge nicht.

Sicher, wer kein Dach über dem Kopf hat, wer nichts zu beißen hat, der ist schon ein Armer, aber nicht er allein.

Da gibt es noch viel größere menschliche Armut, schrecklichere Not, schlimmeres Leid.

Hemingway mangelte es nicht an Nahrung und Kleidung. Er besaß sogar ein Jagdgewehr, das ihm oft bei seinen Safaris in Afrika gedient hatte.

Dieses Mal benützte er es, um sich eine Kugel in den Mund zu jagen. Er wollte einer wirklichen Armut entfliehen, die ihn vielleicht erstmals quälte: einem unerträglich gewordenen Altern.

Warum die Armut nur als materielle Not sehen? Ist das nicht eine Verengung?

Es kann vorkommen, daß jemand mich nicht um Gehaltserhöhung bittet, aber um ein wenig Stille, ein wenig frische Luft, ein wenig Grün.

Armut ist nicht nur Mangel an Geld.

Sie kann Mangel an Gesundheit sein, an gesunder Luft, an Ausgeglichenheit.

Sie kann Mangel an Frieden, Liebe, Licht sein.

Ich meine sogar, die Armut des Menschen ist universal, ja, der Mensch ist die Personifizierung der Armut. Ihm fehlt nicht nur ein wenig Brot; ihm fehlt es an allem.

Wenn er haßt, fehlt es ihm an Liebe,

wenn er stirbt, fehlt es ihm an Leben.

Ja, die Armut des Menschen ist der Tod selbst, und der ist keine kleine Sache und man kann ihn nicht wegschicken, wenn er an die Tür klopft.

Aber gerade auf diesem Pfad der menschlichen Armut ist Gott uns entgegengekommen.

Die freie Armut Gottes hat sich neben die zwangsläufige Armut des Menschen gesetzt.

Das erste Gespräch war Schweigen.

Was kann man zu jemand sagen, der leidet?

Das Schweigen Gottes ist die respektvolle Art, mit der er sich dem armen Menschen nähert.

Die anderen Worte sind noch nicht reif.

Es braucht Zeit, bis der Mensch seinen Zustand verstehen, den Kopf heben kann, lächeln kann angesichts der Sintflut von Übeln, in der er schwimmt.

Eine Blinde sagte mir, sie habe zwölf Jahre gebraucht, um etwas von ihrer Blindheit zu verstehen.

Dann verstand sie und lächelte.

Es ist ein Geheimnis um die Dinge,
ein Geheimnis um das Leben,
ein Geheimnis um den Schmerz.

Es ist wie die Nacht: um etwas in ihr zu erkennen, muß man die Dämmerung abwarten.

Und warten bedeutet hoffen, und die Hoffnung ist die Geduld des Menschen.

Aber gerade in dieser Geduld lernt der Mensch sich besitzen, sich erkennen.

Tatsächlich sagt die Schrift: „In der Geduld werdet ihr euere Seelen besitzen“ (Luk 21, 19). Wenn der Mensch sich in Geduld geübt und ans Warten gewöhnt hat, wird das Schweigen Gottes zum Wort.

Das Wort, das Wort selbst, ist Jesus, die Person Jesu, das Wort Gottes.

*Und das Wort ist Fleisch geworden*
*und hat unter uns gewohnt* (Joh 1, 14).

Und es hat unter uns in Armut gewohnt.

Der Arme Jahwes.

Er wollte die Armut des Menschen auf sich nehmen, um ihm zu helfen, den schrecklichen Exodus aus der Armut, dem Leiden, dem Tod zu vollbringen.

Das ganze Leben Jesu ist in diesem Licht zu sehen, ist in diese Perspektive eingespannt, auf dieses Ziel gerichtet.

Wenn er in einem Stall geboren wird und seine Unendlichkeit und Allmacht zusammenschrumpft auf das Gewimmer eines Kindes, das der Geschichte und der Bosheit der Menschen preisgegeben ist, dann deswegen, um uns die schwierigste Lektion des Lebens zu lehren, uns vorzubereiten, daß unsere Existenz die Ohnmacht und Schwäche der Dinge erleiden muß.

Wenn er in der breiten Schicht verborgen lebt und nicht die Ehren der Mächtigen annimmt, sondern den Schweiß des Arbeiters, dann deswegen, um sich und uns an den Schweiß der Todesangst zu gewöhnen.

Wenn er zum Gesetz seines Handelns die Sanftmut und nicht die Gewalt wählt, dann deswegen, weil ihm bewußt ist, daß die Weisheit Gottes uns nicht durch die Gewalt, sondern durch die Liebe triumphieren lassen will, und daß er seinen Sieg durch die Niederlage am Kreuz erringen wird.

Wenn er sich die reife Haltung der Propheten des Gottesknechts, des Unschuldigen, zu eigen macht, die Haltung, die die Lebensader der Hoffnung und Geistigkeit Israels ausmacht, dann deswegen, weil er weiß:

das Reich, das wahre, das Reich Gottes, wird nicht ein politisches Reich der Herrschaft, der Stabilität, des Wohlstandes sein, sondern die größte Liebestat auf Erden, die Annahme der Armut des Menschen, mitsamt seinem Tod.

Es ist nicht leicht zu lieben, weder für uns, noch für Christus, aber nichts ist so groß, so vollkommen wie diese Liebe Jesu in seiner freiwilligen, freudig angenommenen Armut.

Ich möchte sagen, nichts ist mir teurer als diese Armut Gottes.

Sie bewegt mich mehr als seine Allmacht.

Sie sagt mir mehr als seine Allwissenheit.

Sie ist mir näher als seine Schönheit.

Die Armut Gottes, das ist die höchste Stufe der Liebe.

Seine Seligpreisung wird mir langsam vertraut: „Selig die Armen."

Nein, Herr, ich bitte dich nicht mehr um Reichtum, ich bitte dich, arm sein zu dürfen.

Ich bitte dich nicht mehr um deine Macht, ich bitte dich um deine Armut.

Sie ist deine Weisheit.

Sie ist dein Herz.

Sie ist der Weg, der dich zu mir führt.

Wenn du den Mut hast, dich dem Sünder, der ich bin, zu nähern, dann ist es, weil du arm sein wolltest.

Wenn du mich anhören möchtest, wenn ich weine und klage, dann ist es, weil du arm bist.

Wenn du in mir etwas suchst, dann ist es, weil du arm bist.

Deine Armut ist es, die mich rettet, denn in deiner Armut konnte die ungeschaffene Liebe Mensch werden und wie unsereiner sein: ein Armer.

Aber im Gehorsam dem Vater gegenüber ist die Armut Jesu am tiefsten, hier tritt sie in das Geheimnis der Liebe ein.

Angesichts der menschlichen Armut, angesichts des Bösen, angesichts des Meers von Schmerzen hat Jesus den Vater nicht gebeten, die Dinge zu ändern.

Er sah, daß man hier durch muß, und hat sich gebeugt, wie einer von uns.

Das Wirkliche, alles Wirkliche, als Ausdruck der von Gott geschaffenen Schöpfung, aber zerrüttet durch den Ungehorsam und die Sünde des Menschen, mußte angenommen werden, wie es war.

Es galt, davon auszugehen.

Es anzunehmen als den Weg der Erlösung,
es anzunehmen als Golgotha,
es anzunehmen als Mysterium,
es anzunehmen als letzte Selbsthingabe.

Jesus beugt sich und nimmt das Wirkliche an, das ihn von allen Seiten wie ein unbeschreiblicher Polyp, wie ein schauriges Chaos, wie ein tödlicher Schraubstock bedrängt.

So wird er unter der Last von soviel Übel zum wahren Armen Jahwes und wirft sich kopfüber in das unermeßliche und geheimnisvolle Meer des Willens Gottes, nach dem Bild des Jonas, um ihm allein, dem Gott des Unmöglichen, die Lösung des Unlösbaren und die Vereinigung aller Gegensätze zu überlassen.

Und der Vater hat diesen Gehorsam angenommen, der allen Ungehorsam der Menschen gutmachte, diese Demütigung, die alle Auflehnung tilgte, diesen Akt der Gerechtigkeit, der „alle Gerechtigkeit erfüllte" (Mt 3, 15).

*Er ist erhört worden um seiner Frömmigkeit willen* (Hebr 5, 7).

*Darum hat Gott ihn erhöht und ihm den Namen gegeben, der über alle Namen ist* (Phil 2, 9).

Und er hat ihn von den Toten auferweckt.

Die Auferstehung Jesu ist die Antwort Gottes auf die Armut des Menschen, auf die von Jesus bis ins letzte angenommene Armut.

Die Bewegung des Fisches, der ins unendliche Meer des Willens Gottes hinabtaucht und sich hinabläßt in den Abgrund des Todes, steigt von der Macht Gottes getrieben wieder auf und geht ein in das grenzenlose Licht der Auferstehung.

Im auferstandenen Christus ist es der Mensch, der aufersteht.

Und für immer.

Das Geheimnis der Rettung liegt in dieser Haltung der von Jesus gelebten Einwilligung, die jeder von uns nachvollzieht, die wir aus den Wassern und aus dem Chaos des Todes errettet sind.

Dieses in Jahrhunderten verborgene Geheimnis wurde uns in den Zeiten Jesu offenbar.

Es war der äußerste Beweis, daß Gott Liebe ist, so sehr, daß er aus Liebe den Tod auf sich nahm.

„In deine Hände lege ich meine Seele."

Dieser Satz aus dem „Gebet der Hingabe" von Père de Foucauld drückt diese Grundhaltung aus, die Jesus uns gelehrt hat und die vor der Taufe von uns verlangt wird.

Die von Jesus verkündigte Taufe ist die entscheidende Geste des Menschen gegenüber der Forderung Gottes:

„Geh ein in das Wasser des Todes und erstehe mit Christus zu neuem Leben."

Wer diese Einwilligung in den Willen Gottes vollzogen hat, wer die Augen vor seiner Transzendenz geschlossen hat und sich in den Abgrund des Mysteriums hineinziehen ließ, taucht ganz langsam wieder empor aus den Wassern in das beseligende Licht seiner Auferstehung in Christus.

In diesem Augenblick wird die Armut wirklich zur Seligkeit.

*Selig die Armen, denn ihrer ist das Himmelreich* (Luk 6, 20).

Woher hätte Jesus das Recht und den Mut genommen, den Armen so etwas zu sagen, wenn nicht aus dem Licht dieser göttlichen Wirklichkeit, an der von nun an der erlöste Mensch teilhat?

Die Aussprüche „Selig die Armen, selig die Trauernden, selig die Hungernden, selig die Verfolgten" wären ein Hohn für die Armen, die Hungernden, die Traurigen, die Verfolgten, würden sie nicht den Sieg Christi ausdrücken, den Sieg über diese furchtbaren negativen Realitäten des Menschen.

Die Worte Jesu würden in jeder Weise unsinnig klingen, hätte er nicht, als er sie aussprach, das ganze Problem der Befreiung des Menschen in einer klaren Vision gelöst gesehen.

Doch um frei zu werden, müssen wir uns selber sterben, und das ist Ostern.

*Dieses ist die Feier der Ostern, in der das Lamm geschlachtet wird.*
*Dies ist die Nacht, in der du unsere Väter herausgeführt hast aus der Knechtschaft in Ägypten.*
*Dies ist die Nacht, die das Dunkel des Bösen besiegt und die uns scheidet von den Finsternissen der Sünde.*
*Dies ist die Nacht, in der Christus die Bande des Todes zerbrach und aus der Tiefe emporstieg als Sieger.*

*O wahrhaft selige Nacht,*
*die das Böse verbannt,*
*die Schuld abwäscht,*
*den Menschen zu seinem Gott zurückführt.*
*O wundersames Erbarmen des Vaters,*
*o unbegreifliche Huld deiner Liebe :*
*um den Knecht loszukaufen,*
*hast du den Sohn hingegeben.*
*O glückliche Schuld,*
*die eines solchen Erlösers gewürdigt wurde.*

Ohne die Sünde Adams hätte uns Christus nicht erlöst.

Glückliche Schuld,
eines solchen Erlösers gewürdigt.
Und ich möchte hinzufügen:
Glückliche Armut,
die du so anziehend bist,
daß Gott dich annimmt.

## 9 Ich gebe sie dir, mein Gott

Dir meine Seele zu geben, Herr, bedeutet, die deine anzunehmen.

Dir mein Leben zu geben, Jesus, bedeutet, das deine anzunehmen.

Und deine Seele ist noch immer in Getsemani mit unserer Armut.

Dein Leben ist noch ans Kreuz geheftet mit unserer Sünde.

Ein Leben fern von dieser Schau, von dieser Wirklichkeit, die du gelebt hast und noch lebst in deinem Leib, der die Kirche ist, wäre ein unnützes, heidnisches Leben, im Banne der Illusion, der Langeweile, des Todes.

Wenn ich mich nur an deine Auferstehung halte, laufe ich Gefahr, dein Getsemani und dein Kreuz zu überspringen, das doch Getsemani und Kreuz des Menschen ist.

Wenn ich mich nur auf deine Inkarnation berufe, ohne die meine anzunehmen, bringe ich meine und auch deine Existenz auf eine hohle Farce herab.

Nein, Jesus, wenn ich dir meine Seele und mein Leben gebe, bin ich im Zentrum deiner Seele und deines Lebens. Und du bist im Zentrum deines mystischen Leibes, der Kirche.

Solange auf der Erde noch ein Mensch ist, der Hunger hat, bist du da.

Solange auf der Erde ein Mensch ist, der leidet, bist du da.

Solange es noch Menschen zu befreien gibt, bist du da.

Und wenn ich bei dir sein will, muß ich bei den Menschen sein.

Da ist kein Entschlüpfen.

Ich kann mich darüber keiner Täuschung hingeben.

Im übrigen wollte ich es auch nicht, denn ich habe es verstanden.

Und ich fühle mich einig mit den vorandrängenden Christen, die es verstanden haben.

Neben dem Bruder, der weint, laßt mich weinen.

Ich kann nicht die Auferstehung annehmen, ohne zuerst meinen Tod anzunehmen.

Das österliche Geheimnis enthält nicht nur die Auferstehung und ist nicht nur der Jubel des Sonntags.

Es ist allem voran die schmerzliche Solidarität des Karfreitags.

Wie ist es der Liebe – der wirklichen Liebe – unwürdig, mit Jesus nur feiern zu wollen.

Wie ist es unwürdig, sich zu seinem Gastmahl durchzudrängeln und ihn allein zu lassen in seiner Traurigkeit und im Schaudern des Ölgartens.

Das ist so ungerecht, daß wir in hellen Augenblicken den Himmel nicht annehmen wollten, ohne zuvor – nach dem Maß unserer Schwachheit – ein wenig an seinem Leiden teilzunehmen.

Was wäre ich für ein Mensch ihm gegenüber, dem Mann der Schmerzen?

Was für ein Liebender?

Daher kommt es, daß der Genuß dieser Welt, dieses „Freudenhauses“, wie es die Heiden auffassen, mich abstößt.

Es ist wie ein Bankett über einem Kadaver!

Das Leben, das nur als Vergnügen begehrt wird, ist kein Leben, es ist ein Hurenhaus.

Ich mag es nicht.

Es ist der Liebe nicht würdig.

Wer das Leben der Liebe würdig gemacht hat, ist Jesus.

Jesus lehrt mich zu lieben.

Jesus gibt mir die Kraft dazu.

Jesus ist der Weg.

Der Weg, den er gegangen ist, ist der Weg der Liebe.

Bevor er der Weg der Auferstehung ist, ist er der Weg der Selbstverleugnung, der Hingabe. Bevor er Triumph ist, ist er Niederlage, Kreuzigung.

Ich möchte ihn ganz durchlaufen, koste es, was es wolle.

Denn der Weg ist Jesus.

Und unser Weg ist Nachfolge Jesu.

Ihn nachahmen!

Ihn nachahmen vor allem in seiner Haltung dem Vater gegenüber. Ihn nachahmen in seiner Einwilligung in das, was wirklich ist.

Das, was mich umgibt, das, was ist, was das Baugesetz der Schöpfung, der Geschichte bildet, das Ergebnis des göttlichen Entwurfs oder meiner Schändlichkeiten, das muß ich annehmen.

Von da muß ich ausgehen.

Wenn ich hinke, muß ich einverstanden sein, daß ich hinke.

Wenn ich müde bin, muß ich einverstanden sein, daß ich müde bin.

Wenn der Himmel grau ist, muß ich einverstanden sein, daß der Himmel grau ist.

Wenn ich alt bin, muß ich einverstanden sein, daß ich alt bin.

Das, was ist, was mich umgibt,

was ich sehe, was ich fühle,

ist wie eine geheimnisvolle Frage, die Gott an mich durch alle Zeiten hindurch stellt und zu der er von mir die Antwort erwartet.

Vielleicht ist auch die schreckliche Frage an Job auf seinem Scherbenhaufen eine Frage, die von Gott herkommt.

„Mein Junge hat die Kinderlähmung bekommen",

„Meine Frau ist unausstehlich",

„Mein Gedächtnis läßt mich im Stich",

„Meine Freunde verstehen mich nicht",

das sind gleichsam von jeher an meinen Lebenstag gerichtete Fragen, an den Tag, der heute anbricht und den ich leben soll.

Ich kann mein Kind nicht in ein anonymes Heim schicken,

die Frau wechseln,

meinen Vater verfluchen, der ein Trinker war,

meinen Freunden den Rücken kehren.

Ich muß der Wirklichkeit ins Gesicht sehen, muß annehmen, was mich umgibt, muß die Tatsachen als Angebot Gottes betrachten.

Ja, Vater! muß ich sagen.

Von hier muß ich ausgehen.

Ich muß antworten auf die Frage, die Gott an mich richtet in dieser schmerzvollen Wirklichkeit, diesem dunklen Geheimnis, und gerade darin mein Heil entdecken.

Weil mein Heil in dieser Frage enthalten ist.

Wenn ich mein Kind in ein Heim stecke, weil seine Pflege mich von früh bis spät beansprucht, entferne ich mich von Gott.

Wenn ich eine andere Frau nehme, weil die, die ich habe, mir auf die Nerven geht, entferne ich mich von Gott.

Das Heil, alles Heil, liegt in dieser Hinnahme meines Mysteriums und damit zugleich des Mysteriums meiner Frau und meines Kindes.

Es gibt einen Grund für alles.

Die erste Haltung der Liebe zur Schöpfung ist die Hinnahme der Schöpfung, auch wenn sie mir fremd, unfertig, zuweilen feindlich erscheint.

Die erste Haltung der Liebe zu meinen Brüdern besteht darin, sie anzunehmen, wie sie sind, auch wenn sie mir schrecklich ungereimt, unsympathisch und mitunter feindlich vorkommen.

Alles hat einen Grund.

Auch das Leiden Jobs hat einen Grund.

Auch für mein gelähmtes Kind gibt es einen Grund.

Auch die Sünde Davids hat einen Grund.

Auch die Zerstörung Jerusalems hat einen Grund.

Bevor ich mich von dem Leid, das mich getroffen hat, zu befreien suche, bevor ich mein Kind in die Anstalt schicke, bevor ich meine geschäftigen Versuche anstelle, das Übel um mich her zu korrigieren, muß ich mich vor dem Geheimnis beugen, muß mich in die Haltung begeben, die Jesus einnahm, und mir seine Worte zu eigen machen: „Nicht mein, sondern dein Wille geschehe“ (Luk 22, 42).

Im Grunde ist es eine Haltung des Vertrauens zu Gott, und in diesem Vertrauen gründet meine Beziehung zu ihm.

Ich weiß, daß Gott der Herr des Universums ist und „die Abgründe der Erde“ in seiner Hand hält.

Ich weiß, daß Gott alles vermag und daß die Menschen und Völker vor ihm „wie ein Tropfen am Eimer und wie ein Stäubchen an der Waage sind“ (Jes 40, 15).

Gott ist Gott, von niemand besiegbar.

Und wenn er sich besiegen läßt, ist es nur, um besser zu siegen.

Und wenn er das Böse für eine Weile vorherrschen läßt, ist es nur, um es vor unseren kurzsichtigen Augen deutlicher bloßzulegen.

Auf Gott vertrauen, heißt alle Dinge in seine unbesiegliche Hand legen.

Es heißt glauben, daß der Kosmos unausweichlich von seiner Schöpfermacht bestimmt wird.

Es heißt auf den schließlichen Sieg des Menschen hoffen, der, wie alles Geschichtliche, von der rettenden Liebe dessen geleitet wird, der sich selbst als die Liebe bezeichnet hat.

Wenn ich den Regen verfluche, der mich durchnäßt, oder die Kälte, die mir die Finger steif macht,

wenn ich verzweifle, weil ich alt geworden bin oder wegen einer Krankheit, unter der ich leide,

werde ich nicht in das Geheimnis Gottes eintreten.

Wenn mir der Glanz der Sterne nichts bedeutet oder wenn ich hastig am Meer entlanggehe, ohne einen Blick dafür zu haben, dann verstehe ich das Geheimnis Gottes nicht.

Wenn ich mich über alles beklage

wenn ich die Menschen lästig finde,

wenn ich schimpfe, weil das Mittagessen mißraten ist,

wenn ich wütend werde, weil die Kinder im Garten spielen,

wenn ich einem, der an meine Tür klopft, ein finsteres Gesicht mache,
dann bin ich ein alter Griesgram und weiß nichts mehr zu sagen.

Auf Gott vertrauen,
die Tatsachen annehmen,
sie annehmen als Heilstat Gottes an mir,
sie annehmen, um sie mit Liebe und Geduld zu verwandeln.

Zur Zeit wohnt in einer Einsiedelei, nicht weit von mir, eine Frau mit ihrem Sohn.

Von Zeit zu Zeit bittet mich diese Frau, sie da zu beherbergen. Jedesmal bringt sie ihren Sohn mit.

Aber der Sohn ist mongoloid, und das Leben dieser Frau wird völlig von ihm aufgebraucht.

Als ich sie vor Jahren kennenlernte, bat sie mich um Rat und Hilfe, ihren Sohn in einer Anstalt unterzubringen. Es schien die natürlichste Sache der Welt zu sein. Jedesmal, wenn ich vom Besuch einer derartigen Anstalt zurückkam, war ich entsetzt.

Ich konnte es mir nicht ausdenken, den kleinen Andreas in den trostlosen Schlafsälen unter lauter gleichen Kranken zu sehen.

„Nein, Marcella, Andreas muß bei dir bleiben, du bist sein Leben."

Die Antwort der Frau war Schweigen.

Sie bat mich um eine Einsiedelei, um zu versuchen, dieses Schweigen mit Gebet zu erfüllen.

„Marcella, versuche es, Gott etwas zu sagen."

„Ich kann nicht. Würde ich ihn um etwas bitten, so wäre es doch immer nur, er möge mir diese schreckliche Last wegnehmen."

„Versuche es noch einmal.“

Vor der Abreise sagte sie zu mir: „Bruder Carlo, gibt es wirklich keine geeignete Anstalt für Andreas?“

Sie kam öfters wieder in die Einsiedelei.

„Marcella, versuche es, Gott etwas zu sagen.“

„Ich möchte zu ihm sagen: Dein Wille geschehe, aber ich kann es immer noch nicht. Sag Du es für mich...“

Nun sagt es Marcella selbst: „Dein Wille geschehe“, und daß sie es endlich im Glauben zu sagen vermochte, hat ihr die Angst genommen.

Sie könnte es nicht über sich bringen, ihren Sohn fremden Menschen anzuvertrauen.

Es ist, wie wenn sie ihn ein zweites Mal geboren hätte.

Alles übrige zählt nicht.

Mein Heil beginnt hier.

Er ist ihr wie etwas Heiliges geworden.

Und welch ein Frieden in ihrem Gesicht?

Wieviel sagt es mir aus der Ferne, wenn ich an diese Frau denke, die den Willen Gottes zu tun versucht.

# 10 Mit der ganzen Liebe meines Herzens

Jesus hat eine Wahl getroffen: er hat den Menschen gewählt, die Liebe zum Menschen.

So hatte sich Gott schon immer entschieden: er wollte auf der Seite des Menschen stehen.

Gott hat sich sogar zum Anwalt Kains gemacht, als der nach seinem schrecklichen Verbrechen Gefahr lief, von den Menschen aus Rache getötet zu werden.

*Wer Kain erschlägt, siebenfach wird es gerächt.*
*Und der Herr setzte für Kain ein Zeichen,*
*daß ihn nicht erschlüge, wer immer ihn fände* (Gen 4, 15).

Gott steht auf der Seite des Sünders, weil er auf der Seite des Menschen steht, der Sünder ist.

Die Sünde des Menschen nimmt Gott nicht die Hoffnung.

Gott weiß, der Mensch wird umkehren, er wird sich bekehren, wird begreifen.

Das Vertrauen Gottes auf den Menschen ist unerschütterlich.

Er kann warten bis zuletzt.

Er weiß, das Schlechte im Menschen wird sich in Gutes verwandeln, aus der Unreife wird Reife werden, wo Sünde war, wird Gnade sein, aus Härte wird Milde, aus Finsternis Licht, aus Flucht Heimkehr, aus Grausamkeit Mitleid, aus Abneigung brüderliche Umarmung.

Als Jesus die Geschichte vom verlorenen Sohn erzählte, dachte er an jeden einzelnen von uns, er wußte, wir würden sie ein jeder in ganz persönlicher Fassung und Ausgabe erleben.

Und er liebt uns geradeso, wie wir in jeder Etappe unseres Weges sind.

Er liebt die Möglichkeit, die in uns ist.

Diese Möglichkeit bedeutet Umkehr, Heimkehr, Liebe, Licht.

Er liebt Magdalena, als sie noch Sünderin ist, weil er in ihr schon die Bewegung zum Licht sieht, und darin sieht er etwas so Ergreifendes, etwas vom Wunderbarsten auf dieser Erde, vor dem man lange in Betrachtung verweilen kann.

Er liebt Zachäus, den Sünder, den Betrüger und Ausbeuter, er findet es schön, daß ein Mensch wie dieser imstande sein wird, sein Dasein umzukrempeln und ein Freund der Armen zu werden.

Ja, Gott liebt im Menschen das, was noch nicht ist, das, was erst noch entstehen muß.

Wir lieben in einem Menschen das, was an ihm verwirklicht ist: die Tugend, die Schönheit, die Werte, die wir an ihm finden. Und gerade deswegen ist unsere Liebe so bedingt und unbeständig.

Weil Gott das im Menschen liebt, was noch nicht ist, und ihm Vertrauen schenkt, darum bringt er den Menschen immerfort hervor, denn die Liebe gibt uns das Leben.

Weil er dem Menschen Vertrauen schenkt, hilft er ihm, ins Leben zu treten, denn die Liebe ist es, die uns hilft, aus unserer Finsternis auszubrechen, die Liebe zieht uns ans Licht.

Das ist etwas so Schönes, daß Gott uns einlädt, es ebenso zu machen.

Die Liebe, die er in uns legt, ist genau diese Möglichkeit, daß wir in unserem Bruder das lieben, was noch nicht existiert.

Wenn ich das Negative in meinem Bruder liebe, dann verstehe ich etwas von schenkender Liebe, die begnadet.

Wenn ich ihn liebe in seiner Armut, in seiner Lüge, in seiner Zerrissenheit, in seiner Falschheit, in seiner Finsternis.

Die Liebe, die über ihn hereinfällt, hat die Macht, in ihm neues Leben zu schaffen.

Die Liebe schafft im Menschen den göttlichen Bereich der möglichen Umgestaltung.

Daß er sich geliebt weiß, das treibt ihn auf den Weg, das läßt ihn auf Rettung hoffen.

Seine Armut wird zur Fähigkeit der Erfüllung, seine Verlogenheit stößt er ab, seine Zerrissenheit weckt in ihm die Sehnsucht nach Einheit, in seine Finsternis flutet Licht.

Wenn Jesus zu mir sagt: „Liebe deinen Feind“, spricht er mir ein Maximum der Möglichkeiten, ein Maximum der Liebesfähigkeit zu, doch gleichzeitig gibt er mir das Maximum der Hoffnung, in dieser Welt Frieden zu haben. Wenn ich den Feind mit Liebe und nicht mit den Waffen belagere, mache ich es ihm und mir leichter, unsere Möglichkeit zu ergreifen: nämlich die Zeiten aufdämmern zu sehen, in denen „der Wolf bei dem Lamm wohnt und das Kind am Schlupfloch der Otter spielt. Keiner fügt dem anderen Schaden zu“ (Jes 11, 6–9).

Es kostet mich etwas, so zu handeln, aber damit breite ich das Reich aus, das uns verheißen ist, und übernehme mein Erbteil: den Frieden.

Ja, das Negative im Menschen lieben. In der Gewißheit, daß es morgen ins Positive umschlagen wird.

So betrachtet, macht mir die Erde keine Angst mehr.

So betrachtet, weckt die menschliche Gesellschaft in mir Hoffnung und Antrieb zum Handeln.

Als ich jene Einsicht noch nicht hatte, störte mich der Sünder, ich betrachtete ihn als meinen Feind.

Ich fühlte mich befriedigt, wenn man die Prostituierten festnahm, und predigte gern über die Höllenqualen, um den Burschen Angst einzujagen und Gottesfurcht.

Heute tut mir der Sünder leid, und wenn ich eine Dirne treffe, wechsle ich mit ihr ein paar freundliche Worte. Meine Hoffnung auf das Heilwerden aller ist stärker geworden und mein Mitleid so groß, wenn ich an die Leiden der Menschheit denke, daß ich das Wort Hölle nur noch ganz selten in den Mund nehme.

Noch mehr könnte ich sagen, etwas, das mir eine innige, menschliche Freude macht: ich fühle mich mit allen befreundet, ich bin nicht erstaunt, wenn ich einen treffe, der nicht an Gott glaubt, eher verwundert mich das Gegenteil, ich gehöre nun einmal einer Kirche der Sünder an.

Begegne ich so einem „Wohlanständigen" von dem Typ der Sittenrichter, dann wird es mir klar, warum die Kirche der Zeit hinterherhinkt: aus Mangel an Vertrauen zur neuen Generation träumt sie der alten Zeit nach, als seien dort allein und für immer die Modelle zu finden, nach denen sich das Leben einrichten läßt.

Lieben wir das Mögliche im Menschen, lieben wir das, was nicht ist, noch nicht ist!

Die Christen „ohne Hoffnung", das sind genau die, die im Menschen nur das Wirkliche zur Kenntnis nehmen und dem Möglichen keine Chancen geben.

Kein Wunder, daß sie trübselig sind.

In der Tat, wie sollte man sich nicht betrüben, wenn man sieht, wie die Welt im Argen liegt?

Ich muß zugeben, der Anblick, den die Welt bietet, ist grauenhaft, wenn wir nur das ins Auge fassen, was zutage getreten ist, und nicht, was uns die Hoffnung zeigt: daß Gott das Böse besiegt.

Die Gesellschaft, so wie sie ist, ist die Niederlage Gottes.

Die Kirche, so wie sie aussieht, ist am Ende.

Aber wenn ich es so sehe, wenn ich so spreche, leugne ich im Grunde das geheimnisvolle Handeln Gottes, wie er das Geschaffene antreibt und umgestaltet, belebt und ans Licht bringt.

Wenn die Welt, wie Paulus sagt, in Geburtswehen liegt, dann muß ich doch die Negativität dessen, was ich sehe, als die Hoffnung auf das ansehen, was sein wird?

Sagen wir es lieber offen:

Wir glauben ja gar nicht an Gott!

Wir glauben nur an unsere Aktionen, wir glauben an das, was uns handgreiflich vor Augen liegt.

Wir glauben nicht an das Geheimnis, an Gottes Möglichkeiten, an die unbezwingliche Gegenwart Gottes in der Geschichte, in der Evolution.

Im Grund glauben wir nicht an das Gleichnis vom verlorenen Sohn, das auch das Gleichnis der gesamten Menschheit ist, so daß wir wissen müßten: das Gute ist stärker als das Böse.

Mehr noch:

Wenn man das Negative im Menschen nicht als Anlaß zur Hoffnung nimmt, wenn man sich daran gewöhnt hat, in ihm nur das Positive zu lieben, so wird man sich früher oder später geschlagen geben.

Das sage ich in allem Ernst.

Ich will es an einem Beispiel verdeutlichen.

In unserer Zeit gibt es doch eine erschreckende Zahl von Ehen, die wenige Jahre oder Monate nach der Hochzeit in Krisen geraten. Und ich spreche nicht von überstürzten Eheschließungen, von Formfehlern, von Oberflächlichkeit, von Neuheidentum.

Nein, ich spreche von gut geschlossenen Ehen, von echten Christen, die ihren Ehebund im Zeichen des Glaubens besiegelt haben, von Ehen, die in strahlender Liebe begannen, in geistiger Einheit und hochherziger Einstellung...

Alles ist eine Zeitlang gut gegangen, und dann höre ich sagen: „Ja, ich habe sie geliebt, wir haben uns geliebt... wir waren glücklich. Jetzt... ich weiß nicht..., wir verstehen uns nicht mehr. Wir sind einander unerträglich geworden. Ich möchte fast sagen, ich habe eine andere geheiratet..., ich habe eine andere gekannt..., die von heute kenne ich nicht..., vielleicht ist es besser, wir trennen uns."

Das sind harte Worte, gewiß, aber dahinter steckt etwas sehr Einfaches, in das sich die komplizierte Psychologie der menschlichen Beziehungen auflösen läßt.

„Ich habe eine andere geheiratet..., die von heute kenne ich nicht..., ich liebe sie nicht..."

Hör zu, was ich dir sage: „Du hast nur das Positive in ihr gesucht. Nun, da du das Negative entdeckt hast, stürzt alles ein. Du bist auf dem falschen Weg..."

Du mußt von vorne beginnen..., wenn du dich retten willst. Du mußt in ihr die negativen Seiten lieben, das was ihr fehlt. Du mußt ihr helfen, sich selbst zu finden, sich zu dem Menschen zu machen, zu dem sie fähig ist. Du mußt sie in der wahren Liebe neu schaffen.

Dann wirst du deine wirkliche Frau lieben, du wirst sie so lieben, wie Gott sie liebt und deine Liebe wird unerschütterlich sein, weil sie echt ist.

Die Stunde ist gekommen, sie (oder ihn) gerade in ihrer negativen Seite, in ihrer Armut, in ihrem Elend zu entdecken. Du wirst sehen, daß „das, was sie ist", nichts ist im Vergleich mit dem, was sie sein wird, mit dem, was sie noch nicht ist. Versuch's doch...

Gott wird dir helfen, er ist der Ursprung dessen, was noch nicht ist.

Ihr müßt euch da begegnen, wo ihr jetzt in Wirklichkeit steht, es ist anderswo und anders als bei eurer allerersten Begegnung, aber es ist sehr viel wahrer und interessanter.

Denk daran, wer diesen Schritt nicht zu tun vermag, wird nie lange einen Bruder lieben können.

Es ist allzuleicht, allzu gewiß, im andern negative Seiten zu entdecken.

Aber die Liebe, nämlich die wahre, die fängt genau hier an, und von hier aus mußt du die Liebe erobern.

Dann wird euer Bund nicht mehr zerbrechlich und kurzlebig sein, sondern wahr und ewig.

Nach zehn Jahren müssen wir noch einmal unsere Hochzeitsreise machen.

Jetzt ist es die wahre Liebe.

Endlich liebe ich dich, wie Gott liebt.

Und ich bin darauf gekommen, weil ich deine Armut mehr liebe als deine Schönheit, deine Niedergeschlagenheit mehr als deine Freude, deine Möglichkeiten mehr als deine Wirklichkeit, deine Sehnsucht mehr als deine Leistungen.

# 11 Weil ich dich liebe

Mein Gott, wie sehr liebe ich dich!

Und doch möchte ich dich noch viel mehr lieben!

Wie oft habe ich vor Glück geweint, wenn deine Nähe mich gestreift hat, und wie oft schienst du mir so fern!

Ich kann sagen, daß ich dich mehr als alles liebe, und doch liebe ich gleichzeitig allzuviele Dinge außer dir.

Du bist mein Alles, und doch bin ich noch weit davon entfernt, dein Nichts zu sein, das sich dir ohne Vorbehalt hingibt.

Mit dir fühle ich mich als Israel.

Die Geschichte Israels ist die meine, sie reicht für mich bis Jakob zurück.

Wie Jakob habe ich in Zelten gelebt, und eines Abends habe auch ich die Leiter gesehen, die an den Himmel gelehnt war und auf der deine Engel herabstiegen (vgl. Gen 28, 12).

Wie Jakob durchschritt ich die Furt des Jabbok (Gen 32, 23), und wie er habe ich in der Nacht mit dir gekämpft und habe die unüberschreitbare Grenze zwischen dem Menschen und Gott zu spüren bekommen.

Seit ich mit dir gekämpft habe, sind mir drei Dinge ins Herz geschrieben, die du Jakob zu verstehen gabst:

1. Du hast deine Schwäche erkannt

2. Verlaß dich auf Gott

3. Du wirst siegen (vgl. Gen 32, 23–32),

und seitdem habe ich mir den neuen Namen zu eigen gemacht, den du Jakob in der Nacht eures Ringens gegeben hast:

Israel.

Und in dem Namen war mein ganzes Schicksal enthalten.

Er war mein Schicksal, weil er das Schicksal des neuen Israels ist: der Kirche.

Ich habe mich mit der Kirche eins gefühlt, und in der Kirche habe ich die Geschichte Israels, diese dramatische und abgründige Beziehung der Liebe nachvollzogen:

Exodus – Wüste – Gelobtes Land – Tempel – Exil – Hoffnung.

Und immer blieben die drei einst vernommenen Weisungen gültig:

1. Du hast deine Schwäche erkannt
2. Verlaß dich auf Gott
3. Du wirst siegen.

Die erste der drei Wahrheiten, die sollte sich recht eindringlich an mich heften, und so trug ich sie im Fleisch und im Geist wie eine zweite Natur.

Es brauchte so wenig, um den schmerzlichen Stachel der Sünde zu verspüren.

Die Schwäche ist das Erbteil des Menschen.

*Herr*
*Auf meinem Haupt ist übergroß geworden die Schuld, gleich einer schweren Bürde drückt sie mich nieder.*
*Es verwesen meine Wunden und faulen*
*ob all meiner Torheit* (Ps 38, 5f).

Und die Schwäche bleibt Israels Erbteil auch in der Kirche, auch im Volk Gottes.

Wie sehr hat die Auffassung der Kirche meiner Kindheit mir geschadet, mich Zeit verlieren lassen!

Als Junge lernte ich eine Kirche kennen, in der es verboten war, bittere Wahrheiten auszusprechen…, die sie betrafen, denn die Kirche war vollkommen.

In jenem Klima habe ich mir die Vorstellung gebildet, die „makellose und heilige" Kirche finde sich in der Realität der Menschen, die sie vertraten.

Wie konnte sich eine solche Anschauung mit der alltäglichen Wirklichkeit vertragen?

Mit den Sünden der Hirten, „die sich selbst weideten und die Herde im Stich ließen", mit den Päpsten des Mittelalters und ihrem heillosen Nepotismus, mit den herrschsüchtigen Priestern, die ihre Pfarrei als Privateigentum betrachteten und auf das Volk Gottes als auf einen „ungelehrten Haufen" herabsahen oder denen ihre Pfarrei nicht mehr galt als eine Pfründe?

Nein, das „makellose und heilige" Antlitz der Kirche ist das einer anderen Kirche, die es tatsächlich gibt und die wirklich so ist, aber im Herzen und in der Milde und Barmherzigkeit des Heiligen Geistes, der sie zeugt und am Leben erhält.

Es ist das Antlitz der Kirche als Braut Gottes.

Eines Gottes, der gewohnt ist, wie die Mütter ihre nichtsnutzigen Kinder immer nur von der guten Seite zu sehen, fein eingehüllt in das Vlies der Liebe, das Jakobs Schläue deckt, damit der Vater die andere Wirklichkeit des geliebten Sohnes liebkosen könne.

Nein, das Gesicht der makellosen und heiligen Kirche ist das einer geheimnisvollen Kirche, die eine übernatürliche und göttliche Personalität hat; Gott hat sie in seiner Liebe jedem Kind seines Volkes ins Herz gelegt, und darum ist es ein Volk von Heiligen, von Propheten, von Priestern (vgl. 1 Petr 2, 9).

Aber was ich sehe, ist anders, und ich darf es nicht damit verwechseln, sonst wird die Kirche zu einem Dämon des Hochmuts.

Vielleicht um dies zu vermeiden, läßt Gott auf meinem Gesicht und auf dem Gesicht der Kirche diese Kruste von Sünden.

Und insofern kann und darf keiner von uns sich mit der Kirche identifizieren.

Die Kirche geht immer über unsere ärmlichen menschlichen Gegebenheiten hinaus, und niemand kann sie in ihrer Fülle auf dieser Erde ausdrücken.

Der Vatikan täte schlecht daran, zu sagen: „Ich bin die Kirche", weil er mir damit eine falsche Vorstellung von ihr vermitteln würde.

Und ich, wie könnte ich mich gleichsetzen mit dieser „heiligen Stadt, dem neuen Jerusalem, das vom Himmel herabsteigt, bereitet wie eine Braut, die für ihren Mann geschmückt ist"? (vgl. Offb 21, 2)

Ich Armer!

Wie muß ich alle um Verzeihung bitten, die durch mich ein kümmerliches Bild von der Kirche Gottes empfangen haben!

Zum Glück geht mir die Hoffnung nie aus; es ist mir ein tiefes Bedürfnis, mich auf dich, mein Gott, zu stützen, ein unstillbarer Durst, eine Erfahrung, die immer lebendiger und tröstlicher wird.

*Du meine Burg, meine Zuflucht,*
*mein Gott, auf den ich vertraue* (Ps 91).

*Der Herr ist mein Hirte,*
*ich leide nicht Not,*

*auf grüner Weide läßt er mich lagern.*
*Er führt mich an Wasser der Ruhe,*
*Erquickung spendet er meiner Seele* (Ps 23).

Schwieriger zu verstehen ist für mich die dritte Zusage: Du wirst siegen.

Wie soll Israel siegen?

Wie soll die Kirche siegen?

Wie soll ich siegen?

Die Antwort auf diese Frage war peinvoll wie die Geschichte Israels und der Kirche.

Erst schien es, als handle es sich um einen Sieg von der Art, wie die Welt, in die wir hineingestellt sind, zu siegen versteht: Eroberung irdischer Reiche, Politik mit Nachbarvölkern.

Es war der Weg der Macht und Gewalt, und Moses hat aus der Geschichte des Volkes Gottes eine Geschichte der Eroberung gemacht: der Eroberung und Kolonisierung des Landes Kanaan. Indes hat er das Volk Gottes aus der Knechtschaft befreit.

Die Kirche – das neue Israel – ging in dieser Fährte und wurde, vielleicht ohne es zu wollen, Herrin der Völker.

Wieviele Fürstbischöfe, wieviele Päpste mit weltlicher Macht in Händen, wieviele „Kreuzfahrer"-Christen mit dem Schwert an der Seite!

War das der Weg, zu siegen?

Sicher war es ein Weg, aber wer wird behaupten, daß es der richtige war, der im Willen Gottes verborgen lag und den das Evangelium vorschlug?

Wenn ich an all das denke, ist es mir, als stände ich vor dem Chaos, demselben Chaos, das der Schöpfung und der Geschichte vorauslag.

Aber auf das Chaos sehe ich die Taube des Geistes

herabkommen, der kraft seiner Liebe die Dinge einer Ordnung zuführen kann.

Die Ordnung entsteht in der Zeit und im Raum
und entsteht als Entwicklung
und entsteht als Werden
und entsteht als „Zeichen".
Die Erde ist Zeichen einer anderen Erde,
das Haus ist Zeichen eines anderen Hauses,
die menschliche Ehe ist Zeichen einer anderen Ehe.

Auch Israel ist Zeichen,
auch die Kirche ist Zeichen.

Damit sie zum Zeichen würde, war es notwendig, sie sichtbar zu machen.

Um die Befreiung zu verstehen, muß man befreien.

Um das himmlische Jerusalem zu schauen, war es notwendig, das irdische Jerusalem zu errichten.

Aber das einmal erkannte Zeichen treibt dich weiter: das Sakrament verweist dich auf Christus, die Erde verweist dich auf den Himmel, die menschliche Liebe lädt dich ein, an die Liebe Gottes zu denken.

Und was sagt mir das Zeichen des Gelobten Landes?

Und was sagt mir das Zeichen der Befreiung?

Nur eines: daß das Gelobte Land, das wahre, ganz entschieden jenseits des Jordans liegt

und daß die Befreiung aus der Knechtschaft ganz entschieden tiefer geht als die, die an den Ufern des Nils errungen wurde.

Wenn man zurückwill, wenn man, weitab vom Willen Gottes, sich gegen die Geschichte stemmt, sinkt man ins Chaos.

Geh weiter – sagt mir das Zeichen.

Israel, schau nicht auf diesen Fetzen Land, der Palästina heißt, schau auf mich, deinen Gott.

Ich bin dein gelobtes Land.

Ich bin das dir zugeschworene Land, auch wenn du in Warschau oder in New York lebst,

ich bin das dir zugeschworene Land, auch wenn du kein Reich bist, auch wenn du der kleinste und schwächste Staat der Welt bist.

Laß dich nicht blenden, Christ, von den gewaltigen Mauern der irdischen Kirche, schau auf die wahre Kirche, und die ist meine Gegenwart in dir und die Gegenwart Christi in den Armen.

Brüder, eine solche Anschauung zeugt von Reife.

In welch messianischen Zeiten leben wir!

Es ist, als wären wir aus dem Kindesalter der Welt und der Kirche hinausgewachsen.

Vielleicht fangen wir jetzt an, das wahre Geheimnis der „Zeichen" zu verstehen, besonders jenes, das die Kirche und ihre Möglichkeit betrifft, sich mit ihrer schwach gewordenen, äußerst schwachen Struktur so zu identifizieren, daß sie dadurch der Kraft und dem Feuer des Evangeliums Raum gibt.

Mein Gott, ich liebe dich!

Wie Israel dich liebt,

wie die Kirche dich liebt.

Und ich danke dir, daß du mich von unnützen Dingen befreit hast, um mir dein göttliches Wesen mit größerer Klarheit zu zeigen.

Du hast zu Aaron gesagt:

*In ihrem Lande wirst du keinen Erbbesitz erlangen*
*und wirst keinen Anteil in ihrer Mitte haben.*
*Ich bin dein Anteil und dein Erbbesitz* (Num 18, 20).

Sag es mir wieder, mein Gott, sag es dem neuen Israel, der Kirche.

*Ich bin dein Erbbesitz.*

Ja, Herr, ich will nichts sonst, ich will dich allein.

So sagt es auch die Kirche: „Ich will dich allein, mein Bräutigam, mein Licht, meine Kraft, mein Alles".

Vorbei ist die Zeit theatralischer Prozessionen, prunkvoller Äußerlichkeiten, des unnützen Drum und Dran.

Du bist unsere Wirklichkeit.
Du bist unsere Freude.
Du, ohne Mittel.
Du, ohne Machtpolitik.
Und wir frei wie die Vögel,
wir gehen auf den Straßen der Welt mit den Armen,
mit den Hungernden,
mit den Leidenden,
mit den Verfolgten.

Wir sind an ihrer Seite auf dem Weg der Befreiung.

Mit dir bei der intimen Eucharistiefeier in den Häusern, in denen der Mensch lebt, an deinem Tisch sitzend, an dem du uns deinen Leib und dein Blut austeilst.

Mit dir im Exil, das für uns fortdauert bis zu deiner Wiederkunft.

Mit dir, unser Erbteil, unsere Stärke, unsere Fröhlichkeit, unser Vater.

# 12 Und weil diese Liebe mich treibt, mich dir hinzugeben

Der Unterschied zwischen einer unreifen und einer reifen Liebe, zwischen der Liebe eines kleinen Kindes und der Liebe einer Mutter ist der: die eine Liebe saugt, die andere Liebe wird ausgesaugt; die eine hascht, begehrt, nützt aus, die andere schenkt, läßt mit sich geschehen, verströmt.

Das Nehmen ist Unreife der Liebe, das Sichgeben ist die Fülle der Liebe.

Der Weg vom Egoismus des Menschen, der nur sich sieht und alles und alle für sich ausnützt, bis dahin, wo der Mensch sich hingibt, ist lang wie die Geschichte.

Oft ist es keine schöne Geschichte, mehr das Treiben dessen, der mehr an sich zu reißen sucht, als was man zu geben vermochte.

In diese Geschichte sind wir alle verwickelt, und wenige sind es, die von sich sagen können, daß sie viel gegeben haben.

Meist ersticken wir im Egoismus, und viel Mißmut in uns kommt von dieser Unfähigkeit, uns vorbehaltlos hinzugeben.

Daß es uns so schwerfällt, zu lieben, kommt von der Sünde, die ein wirklicher Umsturz der Werte ist, eine gründliche Unordnung, die sich in uns breitgemacht hat.

Wir sind Geschöpfe und halten uns für Schöpfer (Hochmut).

Wir sind Brüder und möchten Herren sein (Habsucht).

Wir sind für die Freiheit geschaffen und machen uns zu Sklaven unserer Sinne und unser selbst (Begierde).

Nein, es ist nicht leicht zu lieben mit einem Kopf wie dem unsern, mit einem Herzen wie dem unsern, mit einer Sinnlichkeit wie der unsern.

Und in der Tat lieben wir nicht, und weil wir nicht lieben, fühlen wir uns in der Hölle.

Die Hölle ist das Nicht-Lieben.

Die echte Liebe ist selten.

Seltener als der echte Glaube.

Sie ist die höchste Möglichkeit des Menschen auf Erden.

Sie ist das Allerschwierigste.

Wenn der Mensch liebt, ist er wie Gott, aber da es schwierig ist, nach Gottes Art zu handeln, ist es schwer zu lieben.

Es geht so zu:

Der Strahl der echten Liebe, die reine Güte ist, geht von Gott aus und erreicht uns.

Bei uns angelangt, ermuntert er uns dazu, uns selbst hinzugeben.

Aber er muß die träge Masse unseres Leibes durchlaufen.

Verbogen kommt er wieder hervor.

Verbogen vom Egoismus, von der Habsucht, vom Hochmut.

Beim Eintreten in uns war er geraden Sinnes; wenn er aus uns wieder hervorkommt...

Ich zögere nicht, zu behaupten, daß von hundert mit Liebe bezeichneten Taten neunundneunzig bei ihrem

Entstehen in uns vergiftet werden durch Egoismus, Habgier und Eitelkeit.

Ein winziger Rest, der so viele Feinde in unserem Innern ungeschoren passiert, hat noch die Züge der wahren Liebe, der Selbsthingabe.

Aber so etwas gibt es nicht alle Tage.

Dennoch dürfen wir den Mut nicht verlieren.

Wenn ich den Weg verfehlt habe, muß ich eben umkehren. Inzwischen kann ich etwas sehr Wichtiges feststellen: alles dient zu etwas, auch die Sünde.

Ja, auch die Verfehlung kann in den Heilsplan eingeflochten werden.

Wehe, wenn es nicht so wäre, wir wären alle verloren.

Ich glaube wirklich, das Heil der meisten nimmt den Weg über den Gestank der eigenen Sünden und die Bitterkeit unzähliger Niederlagen.

Die Logik Gottes bahnt sich mit größerer Überzeugungskraft durch den Schrott unserer Unlogik.

Gott erweist seine Existenz auf dem riesigen Trümmerhaufen unserer Negationen. Der Himmel leuchtet uns auf in der langweiligen Dunkelheit unseres irdischen Daseins.

„Wohl mir, daß Trübsal mich traf" (Ps 119, 71), kann ich nach jedem Fehltritt sagen, der nun mein Verbündeter gegen meinen Stolz ist.

„Gedrückt bin ich und tief gebeugt" (Ps 38, 7), kann ich in meinen Ausschweifungen sagen, und mein Leib, den ich in meiner Sinnlichkeit verraten habe, ist mir nun dienstbar in der Buße der Bekehrung.

„Dem Vogel gleich entfliehe ich in die Berge" (Ps 11, 1), so drängt es mich jedesmal zu rufen, wenn ich die Tyrannei der Götzen zu spüren bekam.

Indessen muß ich lieben lernen.

Ich kann nicht umhin, weil ich dazu geschaffen wurde.

*Höre Israel: Liebe Jahwe, deinen Gott, aus deinem ganzen Herzen, aus deiner ganzen Seele und mit all deiner Kraft* (Deut 6, 5).

*Das ist das größte und erste Gebot. Das zweite ist diesem gleich: Du sollst deinen Nächsten lieben wie dich selbst* (Mt 22, 39).

Lieben bedeutet, sich mit Gott identifizieren.

Lieben bedeutet, ins Reich eingehen.

Die Weltgeschichte ist eine Geschichte der Liebe.

Die Geschichte des Menschen ist eine Geschichte der Liebe.

Um sich in uns zu vollziehen, uns in ihren schöpferischen, reinen, transparenten, gnadenhaften, göttlichen Strudel zu ziehen, bedarf diese Liebe der Entwicklung, der Zeit, der Geschichte, der Geduld, der Freiheit.

Von der Gewalttätigkeit des Geschlechts zum Ungestüm des Gefühls,

vom Gleichgewicht der Vernunft zur Anziehungskraft der Schönheit,

von der aus Freiheit und Gnade gestellten Frage zur Torheit des Kreuzes und so immer höher von Stufe zu Stufe verfeinert sich die Liebe, wird durchsichtig, nimmt immer mehr teil an der Liebes- und Seinsweise dessen, der sie geschaffen hat, an der ungeschaffenen Liebe: Gott.

Die Seinsweise Gottes als Liebe ist der Heilige Geist. Sie geht hervor aus dem Leben, das der Vater ist, und aus dem Sohn, der Licht ist.

Die Liebe ist so durchsichtig, daß sie für uns unsichtbar ist.

Um sie sichtbar zu machen, war die Inkarnation notwendig. So wurde das Wort Fleisch und wohnte unter uns und ging auf unseren Wegen, neben uns, und hatte den Namen Jesus.

Jesus ist die Liebe Gottes, die menschgeworden und daher sichtbar geworden ist für alle Menschen.

Jesus liebt, wie Gott liebt.

Jesus ist die vollkommene Liebe.

Jesus ist gekommen, uns zu lehren, wie man liebt.

Jesus ist die inkarnierte Liebe.

Der Mensch, der als Weg zur Liebe den Leib, das Herz, den Geist hatte, hat nun als Weg Gott selbst in Jesus.

Wenn er handelt, wie Jesus gehandelt hat, kann er die höchste Stufe der Liebe erreichen.

Wenn er auf den Geist Jesu hört, der in ihm wohnt, kann er an dem ewigen Leben teilhaben, das Erkenntnis und Liebe des Gottes ist, der sich uns mitgeteilt hat.

Die Sichtweise ändert sich vollständig, weil sich ihr Ausgangspunkt ändert.

Früher war der Ausgangspunkt das Niedere, jetzt ist es das Hohe.

Früher war es die Erde, jetzt der Himmel.

Früher war es die Natur, jetzt die Gnade.

Früher war es das Interesse, jetzt das Schenken.

Früher war es die Zeit, jetzt die Ewigkeit.

Früher war es das Vergnügen, jetzt das Kreuz.

Früher war es die Suche nach sich selbst, jetzt die Suche nach dem Bruder.

Früher war es das Fleisch, jetzt der Geist.

Früher war es der Aufruhr, jetzt der Friede.

Früher die zeitliche Befriedigung, jetzt die ewige Freude.

Natürlich ist das alles nicht leicht, und um die Tragweite und Schwierigkeit von all dem zu begreifen, muß man sich nur erinnern, daß Jesus selbst hat sterben müssen. Er hat uns nichts vorerzählt und vorgeplaudert: er ist gestorben.

Und er hat den Tod freiwillig auf sich genommen. Er ist gestorben, um uns wachsam zu machen: denn mit dem angenommenen oder nicht angenommenen Gesetz der Liebe stand unser ewiges Heil auf dem Spiel:

*Hinweg von mir, Verfluchte, in das ewige Feuer, denn ich war hungrig, und ihr habt mir nicht zu essen gegeben, ich war durstig, und ihr habt mir nicht zu trinken gegeben* (Mt 25, 41 f).

Er ist gestorben, um uns den Weg zu zeigen:

*Ich bin das Licht der Welt. Wer mir folgt, wird nimmermehr in der Finsternis wandern, sondern das Licht des Lebens haben* (Joh 8, 12).

Er ist gestorben, um uns seine Liebe zu beweisen:

*Liebt einander, wie ich euch geliebt habe* (Joh 13, 34).

Er ist aus Liebe gestorben.

Auch wenn ich schlecht und egoistisch bin,
auch wenn ich schwach und unfähig bin,
immer ist in mir dasselbe Verlangen:
aus Liebe zu sterben.

Ich hoffe, daß es mir gelingen wird, wenigstens ein paar Minuten vor meinem physischen Tod. Besser noch wäre es, wenn ich eines gewaltsamen Todes für meinen Gott sterben dürfte. Ständig bitte ich den Herrn darum, besonders während der eucharistischen Feier, in dem

Augenblick, in welchem ich mich mit dem Tod und der Auferstehung Christi vereinige.

Ich weiß, daß Sterben aus Liebe der Himmel ist,

ich weiß, daß es der Wille des Vaters ist,

ich weiß, daß es meine ewige Freude ist.

Und darum mache ich mich auf den Weg, und zwar sofort, um keine Zeit zu verlieren.

Der Weg ist der Weg Jesu.

Es ist ein Weg, der fast senkrecht abfällt: genau das Gegenteil des Weges, den mir die Menschen anpreisen.

Wenn Jesus den Menschen sucht, steigt er hinab.

Er steigt hinab in die Inkarnation und wird Knecht.

Er steigt hinab in das Abendmahl und wird Brot.

Er steigt hinab zu den Menschen und wird der Letzte.

Der Platz Jesu ist der letzte Platz: Betlehem, Nazaret, Golgota.

Er wird nicht als Machthaber geboren, er erblickt das Licht der Welt in einem Stall.

Er ist nicht von vermögender Familie, er arbeitet, um sein Brot zu verdienen. Er sucht nicht obenauf zu kommen, er verliert das Leben am Kreuz.

Dies ist die Haltung der Liebe, und sie ist erst zufrieden, wenn sie ganz unten angelangt ist: auf dem letzten Platz.

Père de Foucauld sagte von Jesus: „Er hat den letzten Platz so sehr gewollt, daß ihn keiner ihm entreißen könnte. Höchstens kann man sich neben ihn setzen.“

Zwischen einem Selbstzufriedenen und einem Armen gibt Jesus dem Armen den Vorzug.

Zwischen einem Gesunden und einem Kranken gibt Jesus dem Kranken den Vorzug.

Zwischen einem Satten und einem Hungrigen gibt Jesus dem Hungrigen den Vorzug.

Daran ist nicht zu zweifeln.

Diese im Evangelium getroffene Vorentscheidung verpflichtet uns und verweist uns auf die richtige Seite: an die Seite dessen, der am niedrigsten ist, am meisten leidet, am meisten an den Rand gedrückt ist; der einen andern am meisten nötig hat.

Ein großes Leid in der Kirche ist heute die Erkenntnis, nicht immer auf der richtigen Seite gestanden zu haben.

Zu sehen, daß wir den Bischof in einem Palais untergebracht haben, das nichts mit Armut zu tun hat,

sich klarzumachen, daß die Christen in den reichsten Ländern sitzen,

das bringt uns alle in Verlegenheit.

Sonderbar ist nur dies: kaum weist irgend jemand darauf hin und erhebt Einspruch dagegen, so regt man sich auf, statt darüber nachzudenken.

Aber es wird schwer sein, dem Protestruf des Evangeliums zu entfliehen.

Der letzte Platz ist der letzte Platz, und wer Christus nachfolgen will, muß gleicherweise der Armut den Vorzug geben, ohne sich herauszureden mit der Würde der Kirche.

Die so verstandene Würde, die sich in Machtentfaltung und in der Augenweide großer Zeremonien darstellt, konnte einer mittelalterlichen, noch im Kindesalter befindlichen Kirche von Nutzen sein. Sie bewirkt aber das Gegenteil bei einer gereiften Kirche wie der unseren, die aus den furchtbaren Leiden und Erkenntnissen der heutigen Welt und aus dem Konzil hervorging.

Das Gebet der Hingabe, das ich jeden Abend mit meinen Brüdern im Glauben spreche, begründet dies so: „weil diese Liebe mich treibt, mich dir hinzugeben."

Es ist nicht leicht, dies im Geist und in der Wahrheit auszusprechen.

Unsere ganze Schwäche kommt da zum Vorschein.

Und eben weil wir uns schwach fühlen, vereinigen wir uns in Gruppen, werden wir Kirche.

Um einander zu helfen, schließen wir uns in einer Gemeinschaft zusammen.

Ich bin ein Kleiner Bruder geworden, um nicht allein zu sein.

Und ich versichere euch, daß ich mich nicht allein gefühlt habe in dieser Bereitschaft, mich den Ärmsten, den Erniedrigten hinzugeben.

# 13 Mich in deine Hände zu legen, ohne Maß

Ich habe mich in die Hände des Menschen gegeben, indem ich mich auf seine Seite stellte.

Ich habe mich in die Hände des Armen gegeben, indem ich mich auf den letzten Platz stellte.

Bleibt noch etwas übrig?

Ja, es bleibt noch etwas übrig.

Das Maß des Menschen, das Maß des Armen ist noch ein Maß.

Doch gibt es ein „Nicht-Messen“, ein Lieben „ohne Maß“.

Es ist die Bereitschaft des Menschen, sich in den Abgrund der Finsternis zu stürzen, in das Dickicht des Geschaffenen.

Es ist die Bereitschaft Jesu – des Sohnes –, vom Vater verlassen zu werden.

Der tragische Schrei, der durch die Jahrhunderte hallt, ist der Schrei Jesu, des Gekreuzigten:

*Mein Gott, mein Gott, warum hast du mich verlassen* (Mt 27, 46).

Gibt es nicht Gründe, die solches erklären könnten?

Es ist zwecklos, es verstehen zu wollen.

Es ist zwecklos, bei Job mit der ganzen Theologie anzurücken und Erklärungen und Begründungen für soviel Leiden zu suchen.

Job wird dir antworten:

*Vergehen soll der Tag, der mich geboren,*
*die Nacht, die sprach, ein Knabe ist empfangen.*
*Ja, dieser Tag, er werde Finsternis.*
*Nicht sorge sich um ihn die Gottheit droben,*
*nicht leuchte über ihn des Tages Licht.*
*Ihn fordre Finsternis und Todesschatten ein,*
*Gewölk soll über ihn sich lagern,*
*Tagesverdüsterung ihn umgrauen* (Job 3, 3–5).

Es ist kein Spaß, das Leiden des Menschen, die Todesangst seiner schlaflosen Nächte, sein von glühendem Schmerz gemartertes Fleisch, der Schrecken seiner Glaubensfinsternis.

Wie sollte man sich nicht auf die Seite des so schwer Geprüften stellen, der nicht versucht – wie die Wohlmeinenden es tun – Gott zu verteidigen, ihn durch den idealen Sinn des menschlichen Leidens zu rechtfertigen.

Denn er ist es, der zuschlägt, und Job weiß es.

Dem Augenschein nach waren es die Sabäer, die das Haus geplündert haben, das Feuer hat seine Habe verzehrt.

Die Chaldäer erschlugen die Wächter mit dem Schwert und führten die Kamele weg, aber Job sieht immer nur die Hand Gottes.

Gott ist es, der gibt und nimmt, er ist es, der zuschlägt.

*Nackt kam ich aus meiner Mutter Leib,*
*und nackt kehre ich dorthin zurück.*
*Der Herr hat gegeben, der Herr hat genommen;*
*der Name des Herrn sei gepriesen* (Job 1, 21).

Auch ich will nicht versuchen, Gott zu rechtfertigen, und ich kann nicht umhin, mich auf die Seite des Menschen zu stellen.

Im übrigen ist der Schutthaufen Jobs eine Kleinigkeit im Vergleich mit den Schutthaufen auf der ganzen Erde.

Der Mensch ist auf einem Schutthaufen geboren, schlimmer noch: auf einem Friedhof.

Unter ihm häufen sich die Gebeine unzählbarer Generationen von Tieren und Pflanzen.

Ist nicht sein Leib aus dem Kehricht des Todes gemacht, in dessen Krallen alles Leben fiel seit Hunderttausenden von Jahren?

Die Erde, auf der ich geboren bin, erscheint mir wie eine gemarterte Kugel von im Feuer bearbeitetem Ton.

Geologische Zeitalter überbieten einander im Erzeugen, Verwandeln, Entwerfen, Zerstören, als seien sie ständig auf die Suche getrieben nach etwas, was noch zu schaffen ist, nach einem Modell, das noch nicht ausgearbeitet ist, nach einem Gesicht, das noch nicht vollendet ist.

Ich weiß, was sich vorbereitet, mir sagt es der Glaube. Aber wer nicht den Glauben hat, was sieht er?

Die feurige Kugel ist damit beschäftigt, den Sohn hervorzubringen.

Die Zeitalter, die mit unermüdlichem Drang aufeinander folgen, sind dabei, sein Gesicht zu meißeln.

Es ist das Gesicht Christi. Und es ist das nach dem Gesicht Christi modellierte Gesicht des Menschen.

Die ganze Schöpfung ist dazu da, uns zu Kindern Gottes zu machen, und die ganze Anstrengung, die Qual, Vorläufigkeit, das Leid, all das ist notwendig, diese Hervorbringung zu vollenden.

Aber zu welchem Preis!

Und, über diesen Preis hinaus, welche Hoffnung muß den beseelen, der drinsteckt in dieser Mühsal, der nicht von draußen zuschaut, der von tausend und abertausend hartnäckigen und finsteren Widersprüchen zerrissen ist?

Ist es zu verwundern, wenn das Leid dem Menschen ein Stöhnen entringt und ihn bis in die innersten Fasern seines Wesens schüttelt?

Ist es zu verwundern, wenn er mit brennenden Augen in die Finsternis starrt und ruft: Mein Gott, mein Gott, wo bist du?

Warum antwortest du nicht aus deinem verschlossenen Himmel?

Der Mensch ist Geist in einem tönernen Gefäß, wie könnte er dessen Zerbrechlichkeit nicht bemerken?

Der Mensch ist ein Heiliger in einem Todesleib, wie könnte ihn das nicht bedrängen?

Der Mensch ist ein Holzstamm, der zu Feuer werden soll, wie könnte das schmerzlos zugehen?

Ich sagte, daß ich Gott nicht rechtfertigen will wegen dieses Wirrwarrs, der mir in der Schöpfung entgegenstarrt, und wegen all der Widersprüche, denen ich ausgeliefert bin, aber ich weiß auch, daß Gott eine solche Rechtfertigung nicht gesucht hat und nicht sucht.

Er schweigt.

Das Schweigen Gottes über der Finsternis des Menschen ist schrecklich.

Ich meine, das ist das größte Leid des Menschen.

Sicher ist es seine äußerste Prüfung.

Es ist das „ohne Maß“, das Gott früher oder später von uns verlangt.

Es ist die Nacht.

Es ist eine Nacht, die auf den Leib und den Geist des Menschen herabfällt und ihn zermürbt und peinigt.

Job sagt in seiner Qual – und er spricht von Gott:

*Es schwirren seine Pfeile rings um mich,*
*und schonungslos durchbohrt er meine Nieren,*
*er schüttet meine Galle aus zur Erde.*
*Er reißt in mir Bresche über Bresche,*
*und wie ein Krieger stürmt er wider mich.*
*Auf meine Haut nähte ich ein Trauerkleid*
*und senkte in den Staub hinein mein Horn.*
*Gerötet ist mein Angesicht vom Weinen,*
*und Todesschatten liegt auf meinen Wimpern*
(Job 16, 13–16).

Und was sagen von ihm die Sterbenden?

Die in Irrenhäusern Eingesperrten, die Querschnittgelähmten, die abgemagerten Körper der Alten, die Mißgestalteten, die Mongoloiden, die Abgeschobenen, die Krüppel und die Blinden, die ihr schweres Leben bestehen müssen?

Was sagen von ihm jene, die suchen, ohne zu finden, die Hoffnungslosen, die Glaubenslosen, die, die zu leben scheinen, aber schon tot sind?

Ich weiß nicht.

Jeder sucht eine Antwort zu geben, aber Gott stellt noch nicht einmal die Frage.

Er schweigt.

Und er schweigt sogar, wenn es um seinen geliebten Sohn Jesus geht.

„Mein Gott, mein Gott, warum hast du mich verlassen?“ in diesem Schrei Jesu schreit die ganze Menschheit auf.

Gott schweigt.

Und weiter wird die Kugel aus Ton in den Händen des Feuers bearbeitet,

die Lebenden sterben,

die Jungen altern,

Sonnenaufgänge und Sonnenuntergänge lösen sich ab,

der Himmel blickt auf die Erde,

und die Sterne schauen herunter, als ob nichts gewesen wäre.

Nichts regt sich.

Im Schweigen, fernher, tönt das schmerzliche Echo des Schreis Jesu:

„Mein Gott, mein Gott, warum hast du mich verlassen?"

Ich habe es ja gesagt, versucht nicht zu verstehen, es wird euch nicht gelingen.

Versucht nicht zu sehen, ihr werdet nicht sehen.

Versucht zu lieben.

Mit Liebe, nur mit Liebe können wir uns dem verlassenen Jesus nähern und mit ihm allen Verlassenen der Erde.

Aber um Himmelswillen, verlegt euch nicht auf ein nutzloses Gejammer! Mit Tränen ist es nicht getan angesichts solchen Elends. Da tut der Heilige Geist not, der zu mir spricht und mir den Grund dieses hohen Preises sagt, der mir erkennen hilft, was unter dem feuerverkrusteten Lehm des Menschen verborgen liegt.

Sprich zu mir, Geist Gottes, antworte dem Jeremia, der dir seine Geschichte erzählt, die der Geschichte eines jeden von uns so ähnlich ist:

*Gott ... Gott ...*
*Mich hat er weg- und fortgetrieben.*
*Er machte mir ein Joch*
*Er drückte meinen Mund in den Staub.*
*Gott ... Gott ...*
*Er spannte seinen Bogen*
*und stellte mich*
*als Ziel hin für den Pfeil.*
*Gott ... Gott ...*
*Er ließ auf Kiesel meine Zähne sich zermahlen,*
*er hat mich mit Staub genährt.*
*Auch wenn ich schrie und flehte*
*blieb er stumm auf mein Gebet.*
*Mit bittrer Kost hat er mich satt gemacht,*
*mich satt getränkt mit Wermut.*
*Was soll ich tun,*
*wenn meine Lebenskraft versiegt,*
*meine Hoffnung,*
*die vom Herrn kommt?*
*Sitze einsam und schweige,*
*weil Gott es dir auferlegt.*
*Leg deinen Mund in den Staub.*
*Vielleicht ist Hoffnung!*
*Halte dem die Wange hin,*
*der dich schlägt.*
*Denn nicht verwirft der Herr*
*die Menschen immer.*
*Auch wenn er sie betrübt,*
*erbarmt er sich auch wieder*
*nach seiner großen Huld.*
*Was soll ich tun,*
*wenn meine Lebenskraft versiegt,*
*meine Hoffnung,*
*die vom Herrn kommt?* (aus dem 3. Klagelied)

Das ist der Preis des Meisterwerks, das Gott für den Menschen bereitet hat: Die Hoffnung, die vom Herrn kommt und schweigt, damit sie wachsen und sich entfalten kann. Die Fähigkeit, zu hoffen, ist das größte Geschenk, das Gott dem Menschen machen konnte.

Wenn der Mensch sich mit Hoffnung gerüstet hat, besiegt er die Widersprüche, in die er verfangen ist.

Wenn der Mensch hofft, sieht er im Sterben schon seinen Leib im Licht der Auferstehung.

Wenn der Mensch hofft, besiegt er die Angst, versteht er den Sinn der Prüfung, gibt er Gott Kredit, glaubt er an das Unmögliche, fühlt er in seiner Nacht Gott nahe, lernt er beten.

Die Hoffnung Abrahams ist eines der menschlichen Wunderdinge, und die Hoffnung der Martyrer ist der Glanz der Kirche Gottes.

Die Hoffnung entspringt gerade am Rand des Abgrunds, wenn der Mensch seine Ohnmacht erfährt, wie es Israel in Babylon erging, wie es Jeremia erging, als er in der Zisterne gefangengehalten wurde, wie es Jesus am Kreuz erging.

Jetzt nähere ich mich Jesus, dem Verlassenen, mit mehr Verstehen. In ihm sehe ich den Schmerz der Welt gesammelt, das erlösende Feuer der Menschheit auf ihrem Wege, den Schlüssel des größten Geheimnisses der Liebe.

In ihm finde ich die Antwort auf das, was ohne Antwort bleibt, in ihm die Schlichtung allen Widerstreits, den Auffang aller Leiden meiner Brüder, die hochherzigste Haltung des Armen Jahwes, die heroische Sendung des wahren Restes Israels, den Menschen, der wirklich zum Sohn des Allerhöchsten gemacht wurde.

# 14 Mit einem grenzenlosen Vertrauen

Gott bringt es fertig, dem Menschen zu vertrauen, aber der Mensch bringt es nicht fertig, Gott zu vertrauen.

Daher kommt es, daß Gott so viel Geduld für uns braucht, und dort liegen auch die Wurzeln unserer Angst.

Die Sünde des Menschen ist eben die: an Gott nicht zu glauben, auf ihn nicht zu hoffen.

Unglaube und Zweifel bilden die Grundlage seiner Beziehungen zu Gott.

Würde der Mensch Gott auch nur so vertrauen, wie er dem im Rathaus angestellten Freund oder dem Türhüter im Parlament vertraut, so hätte er vor niemand Angst.

Statt dessen aber!

Gott hingegen hat solches Vertrauen zum Menschen, daß er für ihn immer noch einen Ausweg findet, selbst in den heillosesten Situationen.

Gott hält sich an sein Vertrauen so sehr gebunden, daß er den Richterspruch über ihn nicht vor dem Ende, gerade erst am Ende fällt.

„Ich bin nicht gekommen, die Welt zu richten, sondern sie zu retten" (Joh 3, 17), sagt Jesus, der die Barmherzigkeit Gottes ist, die Hoffnung Gottes, das Vertrauen Gottes.

Als Jeremia sich über die Geschichte Israels den Kopf zerbricht und gewisse betrübliche Kursänderungen nicht versteht, führt ihn Gott in die Werkstatt eines Töpfers. „Habe ich nicht die Macht, mit euch zu verfahren wie dieser Töpfer, Haus Israel?“ (Jer 18, 6)

Und als das Gefäß, an dem der Töpfer arbeitete, mißriet und der erste Versuch vereitelt war, sah Jeremia, daß der Töpfer den Ton nicht wegwirft, sondern mit ihm ein neues Gefäß formt.

Nie gibt Gott den Lehm, den er formen will, auf.

Er hofft immer, aus diesem Lehm etwas herausbringen zu können.

Diesen Lehm hatte er in der Genesis des Lebens gemacht: „Der Herr, Gott, bildete den Menschen aus Lehm vom Erdboden und er blies in seine Nase den Hauch des Lebens“ (Gen 2, 7), und davon erhielt er ein seltsames Gemisch aus Staub und Geist.

Wieviel gab es zu leiden für dieses Gemisch! Wieviele Brüche... welch ein... Mischmasch!

Aber Gott weiß das Gemisch neu umzuformen, er verliert nie den Mut.

„Wahrlich, wahrlich, ich sage dir, wer nicht aus Wasser und Geist geboren wird, kann nicht in das Reich Gottes eingehen“ (Joh 3, 5): es ist als müsse er den Menschen ständig neu hervorbringen.

Der Mensch – Staub und Geist – kann fliehen, wohin er will, fluchen, soviel er will, sich verstecken, wo er will, die Hoffnung Gottes, das Vertrauen Gottes folgt ihm überallhin, erwartet ihn.

Und das vermag er, weil er die Liebe ist.

Der Mensch, wie gesagt, vermag es hingegen nicht, Gott zu vertrauen.

Er muß es lernen. Das Leben steht auf dem Spiel.

Auf Gott vertrauen bedeutet Frieden, Freude, Heiterkeit, Sicherheit, Stärke.

Nicht vertrauen bedeutet Einsamkeit, Traurigkeit, Angst.

Wie der Unglaube vom Glauben besiegt wird, so wird das Vertrauen von der Hoffnung genährt.

Die theologischen Tugenden, die Gott uns verliehen hat, bearbeiten uns im stillen, damit wir allmählich das Glauben, das Hoffen und das Lieben vollbringen.

Sie sind wie die Fliehkräfte bei der Raumkapsel, die uns über die Erdbahn hinaustragen, dorthin, wo der Unglaube überwunden ist, wo der Zweifel erlischt und wo die Liebe, die wahre Liebe endgültig unser wird.

Ist auch die Strecke schwierig, die Überfahrt mühsam, so wird doch jeder Sieg des Glaubens zu einer Erfahrung tiefer Freude. Was nach jeder Anstrengung, zu glauben, zu hoffen, zu lieben, in uns zurückbleibt, ist ein Gefühl von Sicherheit und Mut.

Als Moses dem Roten Meer entronnen ist, drängt es ihn zu singen:

*Meine Macht und mein Saitenspiel ist der Herr,*
*er ward mir zum Heil* (Ex 15, 2).

Wie David singe ich ihm mein Vertrauen:

*Du, Herr, bist mein Hirte,*
*nichts wird mir fehlen* (Ps 22).

Mit Jonas spreche ich das sieghafte Gebet:

*Ich rief aus meiner Not zum Herrn,*
*und er hat mich erhört* (Jon 2, 3),

und mit Maria singe ich das Jubellied:

*Meine Seele erhebt den Herrn,*
*es jubelt mein Geist in Gott, meinem Erlöser* (Lk 1, 46f).

Alles scheint leicht in diesem Augenblick: man ist entschlossen, mit Gott bis an das Ende der Welt zu gehen.

Wie Petrus zu Jesus sagt:

*Herr, ich bin bereit, mit dir in Kerker und Tod zu gehen* (Lk 22, 33),

und mit Paulus wiederhole ich im Heiligen Geist:

*Wer kann uns von der Liebe Christi scheiden?*" (Röm 8, 35).

O könnte ich mein Leben in diesen Empfindungen verbringen!

Könnte ich doch mich nicht mehr ändern, mich festhalten... in dieser Gnade.

Aber ich kann nicht.

In einer Stunde werde ich nicht mehr so sein,

in einer Stunde werde ich vielleicht über die Dürre seufzen, die wieder mein Herz überzogen hat, oder über das Dunkel, in das ich zurückgesunken bin.

Nichts bleibt auf Erden beständig, nichts ist endgültig gerettet.

Es ist ein Exodus.

Aber wie im Exodus bleibt die Spur des zurückgelegten Weges.

Die Spur der gewonnenen Erfahrung.

Ein Gedächtnis, das wie Graffiti in die Felswände eingezeichnet ist, an denen ich vorbeizog.

Gedenke, Israel!

Ja, ich gedenke..., ich gedenke des Roten Meeres, des Wassers von Meriba, des Manna.

Das Gedenken ist das Gedächtnis des Vertrauens.

Die Schwierigkeit, Gott zu vertrauen, unterscheidet sich nicht sehr von der Schwierigkeit, die wir haben, dem Menschen zu vertrauen, dem Bruder Mensch.

Wir werden nie recht damit fertig, und der Zweifel am

Menschen ist in uns Ursache der Dürre und des Mangels an Freude.

Wir glauben nicht an dieses vertrackte Gemisch von Staub und Geist, das wir vor uns haben.

Wir sehen nur die Mängel an ihm.

Wir glauben nicht, daß aus diesem Lehm ein wohlgeformtes Gefäß, möglicherweise ein nützliches, herauskommen könnte.

Im Grunde ist dies Mangel an Glauben an die Künstlerhand Gottes, der, vergessen wir es nie, der Gott des Unmöglichen ist.

Unser Gott – und darum zeigt er sich so schwach – ist uns noch der Gott des Möglichen, wir kennen noch nicht den Gott des Unmöglichen.

Unser Gott ist noch nach dem Maß des Menschen, nicht nach dem Maß des Schöpfers, der uns hinreißt im Zauber des Morgenlichts und im Erdbeben der Auferstehung.

Deshalb fällt uns das Vertrauen so schwer, auch unserem Bruder gegenüber.

„Kann aus Nazaret etwas Gutes kommen?" (Joh 2, 46) sagt Natanael zu dem, der ihm vom Nazarener spricht.

Wir sind immer überzeugt, daß von gewissen Orten, von gewissen Naturen, von gewissen Typen, von gewissen Situationen nichts Gutes kommen kann.

Und wir mißtrauen ihnen.

Wir fürchten uns vor Neuem, besonders wenn wir tüchtig, gebildet, belesen sind und am meisten, wenn wir ein Amt bekleiden.

Ich zum Beispiel habe in meinem Leben nie so dem Neuen abholde Menschen gesehen wie manche Eltern oder Kirchenleute. Man wäre geneigt zu sagen, die sogenannten „Sünder" hätten mehr Leichtigkeit als die sogenannten „Gerechten", die Umschwünge der Geschichte vertrauensvoll anzunehmen. Indessen bin ich zu der Überzeugung gekommen, daß gerade diese „Gerechten" einen erheblichen Teil der „Kontestation" herausfordern, freilich ohne es zu wollen und vielleicht ohne es zu merken. Sie reizen zum Widerspruch, gerade, weil sie sich so versteifen, weil sie sich so sicher fühlen und noch mehr, weil sie die Meinungen der Untergebenen nicht mit Vertrauen erwägen wollen.

Mir scheint, die Empfehlungen des hl. Paulus an die Kolosser (3, 21) passen ausgezeichnet in unsere Zeit der Übergänge und Wandlungen: „Ihr Väter, verbittert eure Kinder nicht, damit sie nicht den Mut verlieren!" Denn dies ist eine Zeit, in der die Jungen – und nicht nur die Jungen – entmutigt werden.

Wir befinden uns tatsächlich in einer – nicht geringen! – Krise der Autorität.

Und es wird nicht leicht sein, in allen Nervenbahnen der Gesellschaft und der Kirche die Kette des Vertrauens wieder zusammenzuknüpfen.

Es wäre nötig, mehr Phantasie und Mut zu haben und an den Tag zu legen, statt allzuviel über Gehorsam zu predigen. Wenn es sich beispielsweise zeigt, daß bei der Planung eines teuren Kirchenbaus die Jungen sich entrüsten, täte man besser daran, günstigere Zeiten abzuwarten und den Bau aufzuschieben. Und wenn das Volk Gottes gesellschaftlich gereift ist und das Bedürfnis zeigt, seine Autonomie auf politischer Ebene und seine Freiheit in den zivilen Ordnungen zu entfalten, möge man sich damit begnügen, Ratschläge zu erteilen, und mit Anweisungen zurückzuhalten.

Leider ist es nicht immer möglich, das Gesetz der

Religion mit dem Gesetz des Staates zu vereinbaren, und der Respekt der Christen und die Toleranz für den, der sich verfehlt, ist keine geringfügige Sache für den Jünger dessen, der sich von den Übeltätern töten ließ: Jesus.

Wie schwer ist es, dem Menschen zu vertrauen, der mein Bruder ist!

Wieviel innere Gymnastik muß ich in Bewegung setzen, um mich zu überzeugen, daß aus ihm, gerade aus ihm, und wäre es, heute noch, ein Kapitalist wie Zachäus oder eine Prostituierte wie Magdalena, der Heilige von morgen entstehen kann.

Daran könnte ich sehen, daß ich alt werde, wenn ich kein Vertrauen mehr zur Jugend von morgen hätte.

Die Kirche würde sich greisenhaft zeigen, wenn sie nicht mehr zu hoffen vermöchte, daß das Heil immer am Zug ist, auch in unserer Generation, und daß der Heilige Geist schon Vorsorge dafür getroffen hat, fern von mir, am äußersten Rand der Welt: beim Geringsten der Armen, der „als kleiner Rest Israels" bereit ist für die Ankunft des Messias, Jesu, des Auferstandenen.

Ja, ich muß Vertrauen haben zum Menschen, denn damit beweise ich, daß ich Vertrauen habe auf Gott.

Setze ich Vertrauen in die Moslems, so beweise ich, daß ich an den Sinn ihrer Geschichte glaube, ist doch auch sie, die vom selben Vater Abraham ausgeht, im Namen Gottes geschehen.

Setze ich Vertrauen in die, die fern von mir sind, so finde ich die Kraft, sie bereits in der einzigen großen Familie der Menschheit, die Jesu erlöst hat, zu wissen.

Setze ich Vertrauen in den, der anders denkt als ich,

so lerne ich mein Denken zu feilen und mich in der Wahrheit zu stärken.

Setze ich Vertrauen in die modernen Atheisten, so finde ich das Ätzmittel, das ich brauche, um von meinen religiösen Strukturen allen mythischen Überzug, alle abergläubischen Verhaftungen abzukratzen. So kann ich meine Hoffnung rein auf die schlichte Botschaft des Evangeliums richten.

Vertraue ich auf den Menschen und auf seine Wandlungsfähigkeit, so bezeuge ich im Leben mein Vertrauen auf Gott.

# 15 Denn du bist mein Vater

Im ersten Bund bot Gott dem Menschen an, unsichtbare Wirklichkeiten zu leben, deren Abbild die Ehe war.

Jahwe war Bräutigam Israels, und das Volk Gottes rühmte sich der innigen, ehelichen Verbundenheit mit ihm. Der schönste Ausdruck davon war das „Hohelied".

Im zweiten Bund gab es ein neues Angebot: die Vaterschaft Gottes.

Wenn Jesus von Gott spricht, gebraucht er tatsächlich nicht mehr das Bild vom Bräutigam, sondern spricht vom Vater.

Wenn ihr betet, so sprecht: „Vater unser".

Christus ist der Sohn.

Gott ist der Vater.

Dem Menschen ist angeboten, Sohn zu werden, wie Jesus Sohn ist.

*Allen, die ihn aufnahmen, gab er Macht, Kinder Gottes zu werden. Nicht aus dem Blute und dem Willen des Fleisches, sondern aus Gott* (Joh 1, 12–13).

Ich muß gestehen, daß meine Anhänglichkeit für das Verhältnis Jahwe — Israel, das ich innerlich wie eine Vermählung mit Gott empfand, mich ein wenig zurückhielt, die neue von Jesus im Evangelium angebotene Wirklichkeit ganz zu verstehen und zu ermessen.

Ich vermochte ihre Reichweite nicht zu erfassen. Mein radikaler Theozentrismus verdunkelte mir die Wirklichkeit, in die ich eingetaucht war.

Ganz eingenommen von der Suche nach der Schau Gottes vergaß ich den Bruder neben mir, und ich hielt es für weniger wichtig, mich mit ihm zu befassen.

Dann blitzte mir etwas auf – ich weiß noch den Tag – und zum ersten Mal betete ich das „Vater unser" ganz anders.

Indem Jesus das Thema der Vaterschaft Gottes anschlug, änderte er nichts an dem Verhältnis Israels zu Gott – es drückte noch immer die Innigkeit vorzüglich aus –, aber er änderte das Verhältnis zu den Brüdern.

Wenn Gott Vater ist, dann ist er nicht Vater einer kleinen Familie, um kleinlichen menschlichen Interessen Vorschub zu leisten.

Wenn Gott Vater ist, will das heißen, daß seine Kinder wirklich meine Brüder sind, nicht „im Fleisch und im Blut", sondern in der neuen, von Gott selbst angebotenen göttlichen Wirklichkeit.

Von da an wußte ich, meine Brüder sind von göttlicher Wesensart, und wenn ich sie vernachlässige, sie beleidige, ihnen nicht diene, so ist das nicht minder böse, wie wenn ich den Vater vernachlässige, ihn beleidige, ihm nicht diene.

Zum ersten Mal fühlte ich im Fleisch die Einheit des ersten und zweiten Liebesgebots.

Wie oft war es an mein Ohr geklungen; diesmal fühlte ich es inwendig.

Das ist ganz anders.

Mit der Verkündigung, daß Gott unser Vater ist, legt Jesus die Fundamente für die Göttlichkeit der gesamten Menschenfamilie und zieht aus den menschlichen Beziehungen die äußersten Konsequenzen.

In diesem Licht versteht man die Heftigkeit und Schroffheit des 25. Kapitels nach Matthäus:

*Hinweg von mir, Verfluchte,*
*in das ewige Feuer,*
*denn ich war hungrig,*
*und ihr habt mir nicht zu essen gegeben...*

Meinen Bruder hungern zu lassen, ihm das Brot zu verweigern, das ist, wie wenn ich Gott selbst das Brot verweigern würde, wenn er auf mich zukommt und mir die Hand hinstreckt.

Die Sünde gegen den Menschen ist nicht anders als die Sünde gegen Gott.

Alle zusammen sind aus derselben Familie.

Die übrigens die meine ist.

Da gibt es keine Ausflucht: mein Bruder ist mit vollem Rechtstitel mein Bruder.

Der Anblick der Menschheit verwandelt sich. Nun sage ich: Ich will die Einheit der menschlichen Familie.

Ich kann nicht auf meinem Geld sitzen, wenn mein Bruder welches braucht.

Wenn ich zwei Kleider habe, muß ich dem eines abgeben, der keines hat.

Die Gleichheit aller ist ein religiöses Gesetz.

Die universale Brüderlichkeit ist das ständige Anliegen.

Aber das ist nicht alles.

Mein Bruder ist mit mir Kirche, weil die Kirche das Zeichen jener umfassenden himmlischen Vereinigung ist, zu der wir als Kinder Gottes gerufen sind und zu der wir uns auf den Weg gemacht haben.

Alles erstrahlt in neuem Licht.

Mein Bruder ist Sakrament der Kirche, sichtbares Zeichen meiner Liebe.

Ich muß mit ihm das Brot der Erde und das himmlische Brot teilen.

Ich teile mit ihm das Gebet und die Arbeit, die menschliche Solidarität und die göttliche Güte, die sichtbaren Güter und die unsichtbaren.

Die Kirche wird die erstaunlichste aller Vereinigungen, die vollkommenste Gemeinschaft.

Der Ort Gottes und der Ort der Menschen.

Die Gegenwart Christi.

Die Mahlgemeinschaft der Liebe.

Das Zeichen des himmlischen Gastmahls.

Das Christentum entstand als Kirche — Gemeinschaft — Vereinigung.

Die ersten Christen fanden sich als Gemeinden zusammen. Da gab es die Gemeinde von Jerusalem, von Antiochia, von Ephesus, von Alexandrien, von Thessalonike.

Und sie verbanden, wie die Apostelgeschichte berichtet, vier unverwechselbare Eigenschaften:

1. Sie verharrten in der Lehre der Apostel (Apg 2, 42).
2. Sie waren dem Gebet treu.
3. Sie brachen das Brot.
4. Sie hatten alles gemeinsam, so daß es unter ihnen keinen Bedürftigen gab (Apg 32–34).

Welch erstaunlicher Vorschlag!

Warum sollen wir in unserer Zeit einen so hoffnungsvollen Entwurf nicht wiederaufnehmen?

Ein solches Wunder?

Wäre das nicht der Ausweg aus einem Leben ohne Sinn, aus einer erstickenden Routine, aus Strukturen, in denen wir vergreisen?

Das hieße: eine wirkliche Kirche leben. Eine Gemeinschaft aufbauen, die das widerspiegelt, was Lukas berichtet, vom Bischof bis hinunter zum letzten der Bauern in einem weltverlorenen Dorf.

Keiner dürfte ohne Gemeinschaft bleiben. Jeder müßte sich verpflichtet wissen, Gemeinschaft aufzubauen.

Da ist der Bischof, der in der Frühe aufsteht und hinuntergeht, um zu beten.

Er sollte sich in der Kapelle nicht nur mit seinen Familienangehörigen treffen. Um ihn sollte sich ein Presbyterium versammeln, das seine Gemeinde ist, so wie es bei Augustinus in Hippo war.

Diese echte Gemeinschaft ist die richtige Umgebung für sein Gebet. Gemeinsam sollte das Wort Gottes ruhig, langsam gebrochen werden wie tägliches Brot und Inspiration des Lebens.

Alle gläubigen Christen sollten sich einer wirklichen Gebetsgemeinschaft zugehörig fühlen.

Ist die Pfarrei lebendig, dann ist die Gemeinschaft schon gestiftet, doch wenn sie tot ist oder sich auf Beerdigungen beschränkt, muß sie sich neu aufbauen aus einer homogenen Gemeinschaft, die auf Freundschaft und Solidarität gegründet ist, bis hin zum gemeinsamen Brechen des Brotes.

Und hierzu möchte ich ein starkes Wort sagen.

Lassen wir doch die Ängstlichkeit fahren.

Man könnte meinen, daß manche Organismen das Monopol alles Neuen haben.

Wenn eine Gemeinschaft nicht in ihrem Haus entsteht, tun sie alles, um sie nicht anzuerkennen.

Sie tun das Gegenteil von dem, was die Apostel taten.

Als sie hörten, daß in Antiochia eine Gruppe von Heiden hervorgetreten sei, die sich in Christus vereinigten, taten sie nicht beleidigt und boykottierten sie nicht, sondern sandten Barnabas hin.

Und Barnabas, „als er hinkam und die Gnade Gottes sah, freute er sich“ (Apg 11, 23).

Muß man sich denn in jedem Fall aufregen, wenn in der Pfarrei etwas Neues entsteht?

Ist man verpflichtet, zu glauben, daß der Heilige Geist nur über dem waltet, was kirchenamtlich gegründet wurde?

Und auf der andern Seite habe ich ein nicht minder starkes Wort zu sagen, zu den kirchenartigen Gruppen nämlich, die ohne jeden Bezug zum Pfarrer oder zum Bischof – oder gerade ihm zuleid – sich zusammenschließen.

Allzuleicht wird eines der Grundelemente – in der Apostelgeschichte wird es als erstes aufgezählt – vernachlässigt: „Sie verharrten in der Lehre der Apostel.“

Das ist bedenklich und sicher nicht im Geist Christi.

Wenn wir auf der einen Seite herbeiwünschen, daß die Bischöfe vertrauensvoller dem Neuen aufgeschlossen wären, um „den Geist nicht auszulöschen“, der überall weht, so müssen wir auf der anderen Seite die verschiedenen spontan aufkommenden Gruppen ermuntern, Vertrauen zu fassen zu den Bischöfen und sie hineinzuziehen in dieses große Unternehmen der Wiedergeburt und Einigung der Kirche.

Und das nicht, um die übliche „Billigung" zu erhalten oder Wohlwollen einzuheimsen, sondern um in Treue das zu verwirklichen, was Christus von uns will.

Wir können die Kirche nicht vom Bischof trennen, wir handeln aber auch sicher nicht nach dem Willen Gottes, wenn wir unhaltbare Situationen allzulange hinziehen.

Der Kardinal Pellegrini fand die glückliche Wendung:

„Gehen wir den Weg zusammen", und diese Einstellung scheint mir nichts anderes als die moderne Fassung dessen zu sein, was die Kirchenväter sagten und was der hl. Augustinus so geschickt zusammenfaßte: „Mit euch bin ich Christ und für euch bin ich Bischof."

Eine Gemeinschaft bilden.

Zu einer Gemeinschaft gehören, die Leben, Liebe, Gebet, Eucharistie, Dienst ist.

Und die vor allem Kirche ist.

Wann können wir sagen, daß ein Zusammenschluß von Männern oder Frauen, Jugendlichen oder Alten Kirche wird?

Was unterscheidet eine kirchliche Gruppe von irgendeiner anderen, die sich aus sportlichen, kulturellen, politischen, therapeutischen Gründen zusammenfindet?

Die Antwort ist einfach.

Die Gruppe wird Kirche, wenn sie sich unter dem Wort Gottes zusammenfindet, wie die erste Gemeinde (Apg 2, 42).

Das Wort Gottes, in der Gemeinde verkündet, ruft den Heiligen Geist.

Und der Geist des Herrn ist es, der die Kirche erschafft.

Und in der Kirche finden wir die Mittel, die wir brauchen, um in der Liebe zu leben.

In der Kirche finden wir die Einheit.

Wir finden in ihr die Eucharistie.

In ihr nähren wir unseren Glauben, leben wir die Hoffnung, machen wir nach und nach unsere Liebe wahr.

Ohne Kirche ist es schwer zu leben.

Wenn ihr euch fragt, worin die gegenwärtigen Schwierigkeiten der Christen bestehen, müßt ihr zugeben, daß sie größtenteils von der Isolierung kommen, in der sie leben.

Sie haben keine Kirche, und wenn sie eine haben, ist es eine blutarme Pfarrgemeinde, die mehr oder weniger nur auf dem Papier steht.

Wieviele Jugendliche finden in der Pfarrei nicht mehr eine lebendige Gruppe, die für sie die Kirche darstellen würde.

Selbst in religiösen Gemeinschaften, wieviele Mitglieder leben da isoliert in einer Wirklichkeit, die aus Mangel an Einheit, Gebet und Liebe dahinsiecht.

Es sind Konvente, es sind nicht mehr Gebetsgemeinschaften.

Es sind Klöster: sie beten, ohne einander zu lieben.

Es sind Familien: und haben keine Kommunikation.

Wie tödlich ist für die gesamte Kirche solch ein Tatbestand!

Priester, die keine Freunde haben und allein beten!

Bischöfe in ihren Privatkapellen, um einsame Vespern herzusagen.

Das Zeichen des Todes der christlichen Gemeinschaft ist wahrlich dieses: die Messe zu feiern ohne Gemeinde, wie eine Privatangelegenheit.

Es ist unfaßbar.

Es ist ein ernstes Zeichen des Alterns oder der Unfähigkeit, zu verstehen, um was es geht... oder des Egoismus.

Um das Thema der kirchlichen Gemeinschaften abzuschließen, möchte ich noch etwas hervorheben.

Wir dürfen uns nicht hinter dem üblichen Kehrreim verschanzen: das betrifft mich nicht – hier rührt sich keiner – das betrifft den Pfarrer, das betrifft den Bischof, das betrifft meine Mutter.

Ich denke, das betrifft alle.

Das erste Zeichen der Bekehrung, mit dem einer erweist, daß er verstanden hat, was Kirche ist, besteht darin, daß er nicht nur den Vatikan oder die Diözese, sondern einen jeden von uns als Kirche betrachtet.

Welche Kraft würde davon ausgehen, wenn alle Christen zu sich sagten: „ich bin mit den anderen zusammen die Kirche." Jeder würde einen tüchtigen Beitrag zur Tätigkeit des Bischofs leisten, wenn er sagte: es geht mich an.

Jetzt fange ich an.

Jetzt suche ich eine Gemeinschaft.

Ich will nicht mehr allein sein.

Ich will mit andern zusammen meinen Weg suchen.

Mein Leben mit ihnen leben.

Auch wenn wir nur ein paar wenige wären, ich will den ersten Schritt dazu machen.

Wir wollen in den Wohnungen beten.

Wir wollen miteinander die Bibel lesen.

Wir wollen die Eucharistie feiern, wie die ersten Christen.

Wir wollen einander helfen.

Wir wollen so weit wie möglich unsere Güter zusammentun.

Es wird ein vom Evangelium erleuchtetes Leben sein.

Ich denke, auch das schreckliche und beängstigende Problem der Priesterberufe würde in diesen Gemeinschaften angepackt.

Eine Gemeinschaft des Gebets,

eine Gemeinschaft, die wirklich Kirche ist, die den Glauben intensiv lebt, wird ganz von selbst zu einem richtigen Seminar. Dort wo das Wort Gottes verkündigt wird, kommt der Heilige Geist, und er ist es, der die Kirche zusammenhält und Charismen austeilt.

Ich bin fest überzeugt, daß in solchen Gemeinschaften, die reif sind im Glauben und im Gebet, künftig das Charisma des Priesterberufs wieder reichlich genug auftreten wird.

Die zahlreichen Gemeinschaften, die in unserer Zeit lebendig und fruchtbar ins Leben traten, haben offensichtlich keine Probleme der Berufungen. Sie haben soviele Priester, wie sie brauchen, und vielleicht noch mehr.

Aber warum uns sorgen?

Gott ist Gott, und er wird der Kirche die Hirten nicht fehlen lassen, die sie nötig hat.

# Schluß

Und nun bin ich am Ende meiner Arbeit angelangt.

Ich wollte dieses Buch schreiben, wie wenn es mein Testament wäre. Ich bin dem Ziel nahe, und mein Lauf nähert sich dem Ende.

Vom Vater zu sprechen war mir lieb und leicht.

Die erstaunliche Wahrheit über Gottes Vaterschaft und noch mehr über unsere Erhebung zu seinen Söhnen und Töchtern hat mich fasziniert und getröstet.

Ich habe in ihr die Erklärung dessen gefunden, was ich im Gebet als Kommunikation, als Kontemplation erfahren habe: das Kindwerden im Schoß Gottes.

Seine Würde kennt keine Grenzen, und es gibt keine Worte, seine Größe auszudrücken.

Wenn ich bete, weiß ich nun, daß ich es kann, weil ich Gottes Kind bin. Sonst könnte ich nicht beten, denn ich fände die Kommunikation nicht.

Das ist wie ein Geheimnis, das ich meinen Freunden anvertrauen möchte, damit sie nicht den Mut verlieren, wenn der Himmel verschlossen scheint und die Finsternis allzu dicht ist.

Wir wissen, es ist die Finsternis eines Geborenwerdens, und wer da im dunklen Schoß auf seine eigene Geburt wartet, hält sich gern still, damit die Hoffnung in ihrem vollen Glanz erstehen kann.

An uns ist es, treu und solidarisch zu sein, besonders im mühsamen und leidvollen Gebet.

Und ich wollte, wir würden uns auch solidarisch als Kirche zeigen.

In dieser unserer Kirche, die wir lieben, auch angesichts ihrer Schwächen und endlosen Widersprüche.

Was würden wir ohne sie tun?

Das Geheimnis der Kirche ist zugleich unser eigenes: der Größe und Sünde, der Heiligkeit und des Verrats.

Nie habe ich so sehr ihre Lebendigkeit und Echtheit gespürt und nie ihre Härte erlebt wie heute.

Niemand in der Welt wird die Macht haben, mich von ihr zu trennen, wie auch niemand in der Welt die Macht haben wird, mich von Christus zu trennen.

In diesem Geist möchte ich die unter meinen Brüdern um Verzeihung bitten, denen ich, ohne es zu wollen, in diesen schweren Zeiten der Umgestaltung vielleicht Ärgernis gegeben habe.

Es ist nicht leicht, das Evangelium zu leben und seine Eingebungen auszuführen und zu verwirklichen.

Es ist nicht leicht, Verantwortung zu übernehmen im Einklang mit der Strenge des eigenen Gewissens und mit Rücksicht auf alle, besonders auf die, die fern sind.

Manches Mal braucht es gegenseitiges Verstehen, geduldiges Vertrauen und oft unendliche Toleranz.

Jesus will von uns, daß wir nicht richten, und nie war das für das Leben der Kirche so nötig wie heute.

Mit dem Konzil ist eine Kirche geboren, die sehr viel reifer ist, als die Kirche unserer Kindheit.

Eine Kirche, in der es den Pluralismus gibt, wo man jeden achtet, auch den, der nicht glaubt.

Eine Kirche, in der die brüderliche Liebe weit mehr verpflichtet als die Reinheit der Gesetze.

Eine Kirche, die frohe Botschaft sein soll.

Eine Kirche, die Hoffnung sein soll.

Eine Kirche, die Liebe sein soll.